Jörg Kyburz

25 JAHRE UNTERWEGS MIT BRUDER KREBS
oder die etwas andere Geschichte vom Jakobsweg

novum 🠮 pro

www.novumverlag.com

Bibliografische Information
der Deutschen Nationalbibliothek:

Die Deutsche Nationalbibliothek
verzeichnet diese Publikation in der
Deutschen Nationalbibliografie.
Detaillierte bibliografische Daten sind
im Internet über
http://www.d-nb.de abrufbar.

Alle Rechte der Verbreitung, auch
durch Film, Funk und Fernsehen, fotomechanische Wiedergabe, Tonträger, elektronische
Datenträger und auszugsweisen
Nachdruck, sind vorbehalten.

© 2012 novum publishing gmbh

ISBN 978-3-99026-441-6
Lektorat: Dipl.-Theol. Christiane Lober
Umschlagfoto: Jörg Kyburz
Umschlaggestaltung, Layout & Satz:
novum publishing gmbh
Innenabbildungen: Jörg Kyburz (38)

Die vom Autor zur Verfügung gestellten Abbildungen wurden in der
bestmöglichen Qualität gedruckt.

Gedruckt in der Europäischen Union
auf umweltfreundlichem, chlor- und
säurefrei gebleichtem Papier.

www.novumverlag.com

Für Kurt Wendli

Gerne erinnere ich mich an die gemeinsame Zeit bei der Kantonspolizei Aargau, mit Ihnen im Amt des Regierungsrats als mein höchster Vorgesetzter.

Persönlich wünsche ich Ihnen auf Ihrem Lebensweg alles Gute.

Lenzburg, Dezember 2012

J. Vogler

novum pro

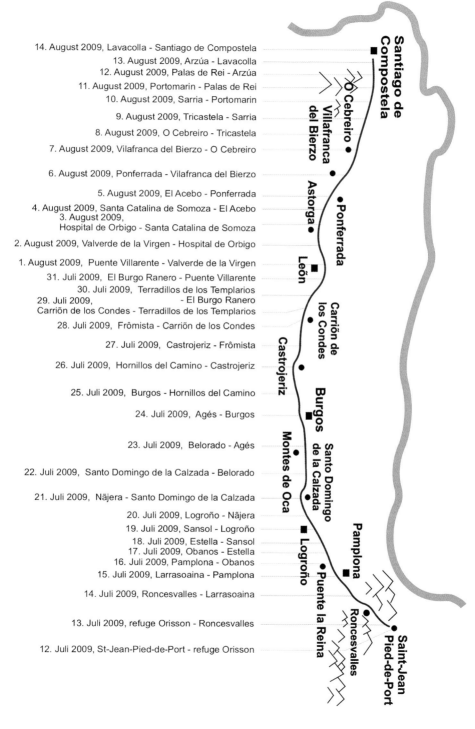

*Leben ist nicht warten,
bis der Sturm vorbeigezogen ist,
sondern lernen,
im Regen zu tanzen.*

EINLEITUNG

Vor knapp fünfundzwanzig Jahren, ich war gerade mal dreiundzwanzig Jahre alt, erhielt ich die Diagnose Hautkrebs. Für mich war sofort klar, dass ich meinem Schicksal mit Lebensfreude und Lebensmut begegnen wollte. Die folgenden Jahre führten mich durch eine bewegte, interessante, manchmal schwere, aber mehrheitlich schöne Zeit. Ich durfte eine Familie gründen, die Welt bereisen und mich als Mensch, im Beruf und in der Politik weiterentwickeln. Anfang 2008, kurz nach einer großen beruflichen Veränderung, diagnostizierten die Ärzte, für alle überraschend, große Tumore in meinem Körper. So wurde ich erneut mit einer massiven Lebensverkürzung konfrontiert, waren doch die Prognosen der Spezialisten erschreckend.

Die Suche nach einem erfüllten Leben führte mich zusammen mit meiner geliebten Frau auf den Jakobsweg. Sechs Wochen absoluter Freiheit – ein Traum, der für uns ohne meine erneute Erkrankung wohl kaum so schnell in Erfüllung gegangen wäre.

Dieses Buch zeigt auf, dass es auch mit der Diagnose Krebs oder anderen schweren Krankheiten möglich ist, ein erfülltes Leben zu führen.

Meine Zeilen sind jedoch auch ein großes Dankeschön an meine liebe Frau Regi, meine Söhne Benjamin und Michael sowie meine Angehörigen, Kolleginnen und Kollegen, die mich durch all die Jahre begleitet und immer wieder unterstützt haben.

„Träume nicht dein Leben – lebe deinen Traum!" Dank Hilfe von oben und einem stabilen Umfeld ist es mir auf weiten Strecken meines Lebens, trotz vielem Suchen und Fragen, immer wieder möglich, dieses Motto umzusetzen.

INHALT

Einleitung 7

Kapitel 1 – Die Diagnose 12
Herbst 1985 12
Tag 1 der Pilgerfahrt 13
Die Operation und die ersten Wochen danach 17
Winter 1985–Frühjahr 1986 17
Pilgertag 2 19

Kapitel 2 – Leben mit Krebs 26
Ende 1985 und 1986: Kommt bereits der Alltag? 26
Pilgertag 3 28
1986 und 1987 – Die Normalität ist noch fern 31
Pilgertag 4 33

Kapitel 3 – Zurück zur Normalität 40
1986 und 1987 – Das Leben verändert sich 40
Pilgertag 5 41
1987 und 1988 – Unterwegs 44
Pilgertag 6 46

Kapitel 4 – Ein neuer Lebensabschnitt 53
1989 – Familienzuwachs 53
Pilgertag 7 56
1990 – Schleichendes Vergessen 58
Pilgertag 8 60

Kapitel 5 – Ein Wunsch geht in Erfüllung 65
1991 – Das eigene Haus 65
Pilgertag 9 67
1992 – Arbeitsplatzwechsel 71
Pilgertag 10 73

Kapitel 6 – Vergessen 78
1993 – Eine eher ruhige Zeit 78
Pilgertag 11 79
1994 – Neue berufliche Herausforderungen 81
Pilgertag 12 83

Kapitel 7 – Die intensiven Jahre beginnen 89
1995 – Einstieg in die Politik 89
Pilgertag 13 91
1996 – Unsere Söhne im Kindergarten 93
Pilgertag 14 95

Kapitel 8 – Leben in vollen Zügen 99
1996–2000 – Die magische Grenze ist überschritten 99
Pilgertag 15 101
1996–2000 – Der Hausumbau 104
Pilgertag 16 107

Kapitel 9 – Erfolg in Familie, Beruf und Politik 111
2001–2002 – The radiomen is born 111
Pilgertag 17 114
2001–2003 – Die Mitte des Lebens 117
Pilgertag 18 118

Kapitel 10 – Der Druck nimmt zu 124
2004–2005 – Velotour mit Beni 124
Pilgertag 19 126
2004–2005 – Glück 128
Pilgertag 20 129

Kapitel 11 – Der Körper baut ab 135
2005–2006 – Stress im Beruf 135
Pilgertag 21 137
2006 – Ein Schlag ins Gesicht 139
Pilgertag 22 140

Kapitel 12 – Stellenwechsel und Kollaps 146
2007 – Start in der Privatwirtschaft 146
Pilgertag 23 148
2007 – Brief von meiner Frau 149

Kapitel 13 – Auseinandersetzung mit dem Tod 154
2008 – Der Krebs ist zurück 154
Pilgertag 25 160
2008 – Bin ich bereit zu sterben? 163
Pilgertag 26 166

Kapitel 14 – Veränderung 172
2008 – Mein Kampf mit der Wiedereingliederung 172
Pilgertag 27 173
2008 – Eine vollwertige Arbeitskraft 175
Pilgertag 28 177

Kapitel 15 – Unterwegs auf dem Weg 182
2009 – Die Vorbereitungen 182
Pilgertag 29 184
Pilgertag 30 186
Pilgertag 31 188
Pilgertag 32 191
Pilgertag 33 194
Pilgertag 34 198
Pilgertag 35 – Ankunft 201

Kapitel 16 – Santiago 207
Die Tage nach der Ankunft 207

Kapitel 17 – Vollzug der Veränderung 211
2010 – Der Tod meiner Kollegen 211
2010 – Heute: unterwegs mit Achtsamkeit 213

Epilog 216

Erklärung zu einzelnen Begriffen 218

Leistungstabelle 219

KAPITEL 1
DIE DIAGNOSE

Herbst 1985

„Sie haben Krebs." Mit diesen direkten Worten konfrontiert der Dorfarzt den jungen, dreiundzwanzigjährigen Mann, der bleich auf einem Stuhl vor ihm sitzt. Der junge Mann bin ich. Nach der Entnahme einer verdächtigen Hautveränderung wenige Tage zuvor trifft mich dieser Satz wie ein Faustschlag. Die klaren Worte des Mannes im weißen Kittel, der seit Jahren unser Hausarzt ist, dringen wie durch eine dichte Nebelwand zu mir durch. Die nachfolgenden Erklärungen sind kurz und bündig, und ich nehme diese, trotz leichtem Schock-Zustand, deutlich auf. Die Heilungschancen stünden gut, eine große Operation und Therapien müssten jedoch unverzüglich durchgeführt werden – diese Botschaft übermittelt mir der vertraute Arzt. Seinen nachdenklichen Gesichtszügen entnehme ich, dass ein schnelles Handeln unumgänglich ist. Mit dieser neuen Erkenntnis, mit der ich zuallerletzt gerechnet hatte, mache ich mich zu Fuß auf den Heimweg.

Obschon dieser bittere Moment fast 25 Jahre zurückliegt, kann ich mich noch an viele Einzelheiten und Details so genau erinnern, als ob es erst gestern gewesen wäre. Auf dem kurzen, zehnminütigen Heimweg rasen die Gedanken mit Lichtgeschwindigkeit durch meinen Kopf: Melanom, Hautkrebs, Tod, Vergangenheit, Lebenserwartung, Operation, Zukunft… Kaum habe ich richtig Luft geholt, sehe ich bereits meinen Vater, der auf der Leiter steht und am großen Baum vor meinem Elternhaus blaue Pflaumen pflückt. Ich weiß nicht mehr wörtlich, was ich ihm bei meiner Ankunft zugerufen habe, doch in Windeseile steigt er von der Leiter, und zusammen mit meiner Mutter sitzen wir kurze Zeit später alle am Küchentisch. Gemeinsam diskutieren wir die Sachlage und versuchen uns unter Tränen Mut zuzusprechen. Wir beraten, was zu tun ist und wen wir informieren müssen. Die Operation wird bereits in der kommenden Woche durchgeführt, Spitalaufenthalt und nachfolgende Therapien werden einen längeren Arbeitsausfall zur Folge haben. Unzählige Fragen sind noch offen, und vieles muss in den kommenden Tagen, noch vor dem Spitaleintritt, erledigt werden.

Schweren Herzens informiere ich dann auch noch telefonisch meine Freundin. Trotz meinem jugendlichen Alter bin ich bereits vier Jahre mit ihr zusammen, und wir beabsichtigten, im kommenden Frühjahr unsere erste gemeinsame Wohnung zu beziehen. Beide noch nicht flügge geworden und im wohlbehüteten „Elternnest" zu Hause, werden wir so schneller, als uns lieb ist, mit der steinigen Seite des Lebensweges konfrontiert. Dass uns dieser später wiederholt als starkes Fundament dienen sollte, ahnten wir in diesem Moment natürlich noch nicht.

Meine Freundin reagiert wider Erwarten mit großer innerer Stärke, die dieser zierlichen Person von außen wohl niemand zugetraut hätte. Natürlich fanden wir am nächsten Tag genügend Zeit, uns unseren Kummer und unsere Ängste mitzuteilen. Durch ihr spontanes Handeln und ihre Natürlichkeit spendete mir meine Partnerin in diesem Moment viel Kraft, Mut und große Zuversicht.

Tag 1 der Pilgerfahrt

Samstag, 11. Juli 2009, Abreise
Tagwacht um 6.00 Uhr. Trotz nur fünfstündigem Schlaf bin ich nicht mehr müde, sondern total aufgekratzt. Der Rücken schmerzt, und die Füße schlafen. Leicht fahrig starte ich mit einer Dusche und der Morgentoilette, immer im Bewusstsein, dass die nächste Dusche wohl nicht mehr so bequem und insbesondere nicht mehr so warm sein wird. Wider Erwarten steht

auch meine Frau Regi bereits in der Küche. Auch sie hat das Reisefieber gepackt.

Nach der Zeitungslektüre – aus unerklärlichen Gründen kann mich die Schweizer Tagesaktualität nicht mehr richtig begeistern – treffe ich noch diverse kleine Vorbereitungen. Die Zeit vergeht zügig, und schon muss ich los zum Coiffeur. Mein Pelz muss weg, Kurzhaarschnitt ist angesagt: pflegeleicht und leicht zu tragen auf dem bevorstehenden Pilgerweg. Es gilt nun, letzte Einkäufe zu tätigen. Meinen Anzug und die Krawatte hatte ich am Vortag anlässlich des Jugendfestbanketts[1] noch im Dessert versenkt, daher gilt es diesen nun noch zur Reinigung zu bringen. Dann schnell noch von Martin, meinem guten Kollegen, und Dani, seinem Stiefsohn, verabschieden. Nun nochmals den Rucksack packen, für den letzten Feinschliff bezüglich des Reiseproviantes sorgen, und schon ist es 12.00 Uhr. Unsere Mägen sind nicht sehr aufnahmefähig. Nach der Schlemmerorgie vom Vortag ist uns noch nicht nach Essen zumute. Vermutlich trägt auch die sich langsam einschleichende Nervosität dazu bei, dass die Portionen klein bleiben. Es bleibt kaum Zeit zum Umziehen, und schon finden wir uns bei Schwogis, unseren Nachbarn, ein. Kaum eingetroffen, ist zur Feier unserer großen Reise bereits ein Lenzburger Weißwein geöffnet, und wir feiern unseren Abschied. Auch Erich und Marga, die bei Schwogis zum Kaffee Einkehr halten, verabschieden uns herzlich. Sind wohl alle so froh, dass wir endlich gehen? Beim Tschüss-Sagen kommen dann doch erstmals so richtig wehmütige Gefühle hoch. Glücklicherweise fällt so die Verabschiedung recht kurz aus. Eine letzte Rückkehr in unser Zuhause, Wanderschuhe an die Füße, Rucksäcke ins Auto – und schon chauffiert uns Beni, unser älterer Sohn, mit dem Auto zur Kirche.

Fast pünktlich treffen wir ein und werden bereits von der reformierten Pfarrerin erwartet. Sie hat sich auf unsere Anfra-

---

1 Das Jugendfest ist ein Fest, bei dem sich die Schuljugend zum Umzug durch die Stadt versammelt und zusannmen mit den Behörden und der Bevölkerung den Beginn der Sommerferien feiert.

ge gerne bereit erklärt, uns mit dem kirchlichen Segen auf den Pilgerweg zu schicken. Sie macht das unbeschreiblich feierlich und mit enorm viel Gefühl im Talar. Zu unserer großen Freude verbindet sie den Segen mit dem Sinnbild der Taufe. In der vom Jugendfest noch feierlich geschmückten Stadtkirche lassen wir daraufhin unseren Empfindungen freien Lauf. Mein Rucksack, der beim Empfangen des Pilgersegens auf meinem Rücken liegt, fühlt sich plötzlich unheimlich leicht an, und ich spüre eine unerklärbare innere Helligkeit. Nun weiß ich, dass wir den richtigen Weg beschreiten werden. Zudem bin ich überzeugt, dass auf unserem Weg stets eine schützende Hand über uns sein wird.

Folgenden Pilgerspruch gibt uns die Pfarrerin mit auf den Weg:

In der Taufe hat Gott euch bei eurem Namen gerufen
und euch einen ewigen Namen gegeben.
Ihr seid die Auferstehung und das Leben
Regula Kyburz, du bist die Auferstehung und das Leben.
Jörg Kyburz, du bist die Auferstehung und das Leben.
Als Kinder des ewigen Lebens
empfangt den Segen für eure Reise auf dem Jakobsweg.
Gott hat seinen Engeln befohlen,
euch zu beschützen, wohin Ihr auch geht.
Möge der Gott der Liebe euch seine auserwählten Gaben senden.
Mögen Sonne und Mond ihre mildesten Strahlen über euch schütten.
Mögen die vier Winde des Himmels und der Wind des Heiligen Geistes
sanft wehen über euch und über denen, die in eurem Herzen wohnen.
Möge das Licht der Auferstehung leuchten über euch
und über allen, die euch auf eurem Pilgerweg begegnen.
Geht als Pilger des Glaubens in der Liebe Gottes!
Die Liebe und der Friede Gottes, die größer sind als alles,
was ihr euch vorstellen könnt, segne und bewahre euch jetzt
und in Ewigkeit – Amen.

Unsere Gefühle sind in dem Moment, in dem wir diesen Segen entgegennehmen, schlicht überwältigend und unbeschreiblich.

Wenig später verlassen wir die Kirche. Der Fußmarsch zum Bahnhof verläuft weitgehend schweigend. Am Bahnhof werden wir nochmals von unseren Sohn Beni erwartet, der uns schweren Herzens verabschiedet. Kaum fährt der Zug ab, werde ich mir dessen bewusst: „Nun geht es wirklich los – nichts hält uns mehr auf!"
Die Zugfahrt via Aarau–Yverdon bis Genf erleben wir ohne Verzögerung. Ich weiß kaum mehr, was sich in diesen ersten drei Stunden abgespielt hat, zumal die Vorfreude auf sechs Wochen Ferien im wahrsten Sinn des Wortes einfach traumhaft ist. Über dreißig Jahre lang hatte ich nie mehr sechs Wochen Ferien. Jeden Tag so nehmen, wie er kommt, nichts müssen, nur dürfen: Schon dieser Gedanke löst bei mir einen wahren Adrenalinschub aus.

Noch vor siebzehn Uhr erreichen wir Genf. Auf dem Marsch durch die Altstadt entdecken wir tatsächlich das erste Mal den Jakobsweg, fein säuberlich gekennzeichnet mit Muscheln, mitten durch die Stadt. Regi freut sich riesig darüber, dass sie die ersten Zeichen unseres zukünftigen Weges gefunden hat.

Noch vor zwanzig Uhr begeben wir uns zum Bahnhof, wo wir sehr schnell durch den Zoll marschieren.

Am Bahnsteig treffen wir auf unsere erste Pilgerbekanntschaft. Mit seinem großen, farbigen Rucksack ist Giovanni aus Mailand kaum zu übersehen. Er spricht nur Italienisch. Trotzdem entwickelt sich schnell eine angeregte Diskussion. Pünktlich besteigen wir die alte, klapprige Zugskomposition der SNCF. Der Schlafwagen Nummer zwölf, gebucht als 1. Klasse, erweist sich als recht geräumig, nach SBB-Verhältnissen jedoch maximal 3. Klasse. In unserem Wagen ist noch ein Junge aus Basel einquartiert. Dieser wird fast die ganze Fahrt mit uns verbringen, will er doch an den Atlantik zum Wellenreiten.

Überwältigt von den ersten Eindrücken schlafen wir schnell ein, und trotz unruhiger Fahrt finden wir einige Stunden Schlaf.

Gedanken zum Tag: Der Start ist geglückt, das Abenteuer kann losgehen!

Die Operation und die ersten Wochen danach

Winter 1985–Frühjahr 1986

Als junger Mensch voller Lebensfreude, Sehnsüchte und Ziele war für mich sehr schnell klar, dass ich mich der Krankheit keinesfalls so ohne Weiteres beugen würde. Innerlich erteilte ich dem Krebs eine Kampfansage über mindestens zwölf Runden, wenn es sein müsste, sogar bis zum bitteren Ende. Damals half mir meine positive Denkweise, vieles leichter zu verarbeiten oder im Bedarfsfall auch zu verdrängen. Körper und Geist des Menschen entwickeln zum Teil hervorragende Fähigkeiten zur Bewältigung eines solchen Schockereignisses. Die folgenden Tage und Wochen vergingen daher wie im Flug. Die Operation im Kantonsspital Aarau verlief erfolgreich, die Therapien zur Wundheilung zeigten schnell Wirkung, und meine Zuversicht wuchs täglich.

Bei einem mehrwöchigen Aufenthalt in der „Lukas Klinik" in Arlesheim wurde ich auf das komplementärmedizinische Medikament Iscador eingestellt. Die täglichen Spritzen waren eigentlich kein Problem. Doch als junger „Powerman" bekundete ich mit den Sing-, Mal- und Eurythmietherapien einige Mühe. Erst viel später wurde mir klar, dass ich zu diesem Zeitpunkt für die Erkenntnis des Wegs nach innen schlicht zu jung und ungestüm war.

Zu den nicht gerade spannenden Therapien gesellte sich die Tatsache, dass sich die spezielle Ernährung für den Erhalt der mit viel Schweiß antrainierten Muskeln nicht gerade förderlich zeigte. Viel lieber hätte ich mich doch im Fitnessraum, an den Kraftmaschinen oder auf dem Fahrrad betätigt. Da ich von der Therapie jedoch überzeugt war, überstand ich die nicht immer einfache Zeit recht problemlos. Glücklicherweise besuchten mich in der Klinik nebst Familienangehörigen, Freundinnen und Freunden ab und zu auch Arbeitskollegen. Nur wenige Monate vor der Erkrankung hatte ich mit Erfolg meine Zweitausbildung zum Kantonspolizisten abgeschlossen. Ich konnte es kaum erwarten, in meinem Traumberuf richtig aktiv zu werden. Dank der Besuche war wenigstens die Distanz zur „realen Welt" nicht allzu groß.

Gerne erinnere ich mich auch an meine drei Zimmergenossen: den jungen, achtundzwanzig-jährigen Familienvater mit zwei kleinen Kindern, den fünfzigjährigen Lokomotivführer der SBB, der einfach nicht verkraften konnte, dass er mehrere tödliche Unfälle auf unbewachten Bahnübergängen trotz größter Aufmerksamkeit nicht hatte verhindern können, und den sechsundsechzigjährigen Deutschen, der viel von seiner mehrjährigen Kriegsgefangenschaft in Russland erzählte. Wir alle teilten ein großes Schicksal: die Auseinandersetzung mit dem Krebs. In stundenlangen Diskussionen unterhielten wir uns darüber, was uns das Leben bereits gebracht hatte und was wir noch erwarteten. Als „Benjamin" der Zimmergenossenschaft erstaunte es mich nicht sonderlich, dass meine Erwartungen ans Leben oft ein wenig zu hochgeschraubt waren. Dies bemerkten natürlich auch die Ärzte und Therapeuten, was wiederum dazu führte, dass sie ab und zu versuchten, mich vom hohen Ross herunter auf den Boden der Tatsachen zu holen. Ihre Auffassung, ich nähme meine Krankheit nicht genügend ernst, konnte ich zu diesem Zeitpunkt nicht teilen.

Leider waren die Krebsleiden meiner Zimmerkameraden zu diesem Zeitpunkt bereits weit fortgeschritten. Auch die diversen sehr guten Therapien in der „Lukas Klinik" verhalfen ihnen lediglich zu einer Lebensverlängerung, nicht aber zur Heilung. Kaum ein Jahr nach meinem Klinikaufenthalt erhielt ich die letzte der drei Todesanzeigen.

Während des Klinikaufenthaltes wurden auch die Stille und die Selbstbesinnung stark gefördert. Obschon mir die „auferlegte Ruhe" oftmals absolut nicht behagte, baute ich schon damals meine eigenen Lebensweisheiten oder gar Leitsätze für mich auf. Einer davon lautete:
„Trachte nicht danach, herauszufinden, wer du bist, sondern trachte danach zu entscheiden, wer du sein möchtest, was du bewegen willst und warum du hier bist. So kannst du sicher noch viel erreichen und trotz Krankheit einen erfüllten Lebensweg beschreiten."

Gestärkt durch solche Erkenntnisse, wurde mir klar, dass ich trotz Krebs das Leben noch vor mir hatte. Mir war jedoch auch bewusst, dass vieles nicht mehr so sein würde, wie ich mir dies vielleicht einmal erträumt hatte.

Pilgertag 2

Sonntag, 12. Juli 2009, Saint-Jean-Pied-de-Port–Refuge Orisson
Distanz: 7 Kilometer, 692 m aufwärts, 0 m abwärts,
3 Stunden 20 Minuten unterwegs

Es ist morgens um halb acht Uhr, und ich erwache leicht quengelig. Irgendwie stimmt etwas nicht, doch im ersten Moment kann ich nicht einordnen, was mir fehlt. Sicher, die Nacht im engen Schlafabteil war recht ungewohnt, aber mein komisches Bauchgefühl kann doch nicht nur darauf zurückzuführen sein? Ah, jetzt hab ich's: Der Zug fährt nicht mehr. Wir können doch unmöglich schon in Bayonne sein? Noch leicht schlaftrunken, ziehe ich mir die notwendigen Kleider über und begebe mich auf Erkundungstour. Ach, du Schreck! Unsere Zugskomposition steht auf dem Abstellgleis eines kleinen Provinzbahnhofes irgendwo außerhalb von Toulouse. Was mich aber am meisten nachdenklich stimmt, ist die Tatsache, dass uns während meiner letzten Schlafphase, die offensichtlich tiefer war als angenommen, irgendjemand die Lokomotive geklaut hat. Die Gegend sieht ziemlich verlassen aus, und die einzigen Anwesenden sind Reisende mit großen, fragenden Gesichtern – genau wie wir.

Nach rund einer Stunde Wartezeit die erste Aufmunterung: Die Stromversorgung unseres Waggons funktioniert noch! Nur so kann es sein, da plötzlich eine blecherne Frauenstimme aus dem Lautsprecher quakt. Gemäß ihren Angaben erfährt unsere Reise aufgrund eines Unfalls auf unserer Strecke eine größere Verzögerung. Ob die Verspätung wirklich auf einen Unfall zurückzuführen war, konnten wir nie nachprüfen. Persönlich tippe ich eher auf einen technischen Defekt an unserer altersschwachen Zugmaschine. Aus der „größeren Verzögerung" werden dann dreieinhalb Stunden Wartezeit.

In der vergangenen Nacht, kurz nach ein Uhr, war unter lautem Getöse noch ein vierter Fahrgast in unsere Schlafkabine zugestiegen. Der rund fünfzigjährige, schätzungsweise einhundertdreißig Kilogramm schwere, leicht untersetzte Australier sucht nun plötzlich wie wild seine dritte Tasche. Diese hatte er vermutlich in der Nacht beim Zusteigen vor dem Zug liegen lassen. Obschon er das ganze Abteil auf den Kopf stellt, kommt die Tasche nicht zum Vorschein. Dass er dann auch noch beabsichtigt, Regis und meine oben liegenden Schlafkojen zu durchsuchen, ist für uns nun doch ein wenig zu viel, und wir geben ihm unmissverständlich zu verstehen, dass wir einige Stunden vor ihm das Abteil betreten hätten, er wohl kaum nach Mitternacht die Tasche zu uns hochgeworfen habe und wir auch keine Diebe seien.

Somit bleibt bereits zu Beginn unseres Abenteuers viel Zeit zum Sinnieren. Da unsere vorübergehenden „WG-Partner", gelinde ausgedrückt, nicht die besten Unterhalter sind und glücklicherweise zwischenzeitlich die Sonne scheint, verbringen wir die meiste Zeit außerhalb des stählernen Transportmittels. Ab und zu wechseln wir ein paar italienische Brocken mit Giovanni, und plötzlich werden wir in den Zug befohlen, wonach sich dieser tatsächlich wieder in Bewegung setzt.

Die aufgrund der unfreiwillig verlängerten Zugreise gratis abgegebene Zwischenverpflegung, bestehend aus mehr oder eher wenig gesundem Fertigfutter, kann uns weder aufheitern noch satt machen. Uns ist bewusst, dass der Anschlusszug von Bayonne nach Saint-Jean-Pied-de-Port längst ohne uns weg ist. Laut meinen Informationen, die ich noch zu Hause eingeholt habe, verkehren nur sehr wenige Züge zwischen Bayonne und Saint-Jean-Pied-de-Port. Glücklicherweise fährt am Sonntag noch ein Zusatzzug, und so sitzen wir kurz nach halb drei glücklich im nächsten Schüttelbecher Richtung Baskenland.

Beim Aussteigen in Saint-Jean-Pied-de-Port stellen wir mit Verwunderung fest, dass es in diesem Ort von Pilgern nur so wimmelt. Wir sind überzeugt davon, dass sich heute nur noch wenige auf den Weg machen. Bereits die erste Etappe führt über die Pyrenäen von Frankreich nach Spanien, gemäß Reiseführer mindestens acht Stunden Marschzeit. Der Anspruch ist mit „sehr schwierig" deklariert, beträgt die Distanz doch sechsundzwanzig Kilometer, wobei es zusätzlich noch 1250 Höhenmeter zu bewältigen gilt. Diese erste Etappe über den Cisa-Pass ist für unsere nur mangelhaft trainierten Körper zu anstrengend, und so entschieden wir uns bereits zu Hause für die Light-Tour.

Zuerst gilt es jedoch, sich für die Reise auf dem Jakobsweg zu registrieren. Pflichtbewusst besuchen wir das Pilgerhospiz in Saint-Jean-Pied-de-Port. Bei unserem kurzen Aufenthalt im Accueil Saint Jacques holen wir unseren ersten offiziellen Stempel ab und betrachten danach mit glänzenden Augen unsern Pilgerausweis. Gerne hätten wir dem netten älteren Herrn, der uns die Infos im Accueil Saint Jacques vermittelte, noch länger zugehört, doch die Zeit drängt. Die Last des Rucksacks auf den Schultern, doch noch mehr der Druck des Unbekannten vor unserem ersten Fußmarsch, hindert uns am vollen Genuss der nun erscheinenden schönen Bilder, hervorgerufen durch kleinen Gässchen und alte, schön renovierte Häuser.

Wie zuvor erwähnt, haben wir uns bereits zu Hause gut erkundigt und daher die erste Übernachtung auf halbem Weg der Etappe noch daheim gebucht. Diese Weitsicht soll sich nun zweifach auszahlen. Obschon wir viel zu spät losmarschieren, erwarten wir, dass das gebuchte Bett trotz den vielen Pilgern bei unserer Ankunft auch wirklich noch frei ist. Weiter haben wir an diesem ersten Marschtag „nur" sieben Marschkilometer mit 692 Metern Anstieg zu bewältigen.

Kurz hinter dem Dorfausgang beginnt also der Anstieg Richtung Orisson. Schon bald stellen wir fest, dass die bisherige Verpflegung vermutlich nicht optimal war. Das im Zug verteilte Esspaket, bestehend aus kaltem Reissalat und trockenen Keksen, war unsere einzige Nahrungsaufnahme an diesem Tag, und diesen Mangel beginnen wir nun deutlich zu spüren. Der asphaltierte Weg, der steile Aufstieg, die große Hitze und der

Zeitdruck im Rücken erleichtern uns das Unterfangen nicht gerade. Apropos erleichtern: Auch unsere Rucksäcke sind an diesem Tag vermutlich noch ein wenig zu schwer. Ungefähr nach viereinhalb Kilometern Anstieg kollabiert Regi. Nach längerem Schweigen höre ich die Frage: „Können wir eine kurze Pause einlegen?"

„Natürlich", lautet meine Antwort, „wir marschieren nur noch einige Schritte nach oben in den Schatten."

Ihre kurze Erwiderung: „Nein, hier!", lässt jedoch keinen Einwand zu, denn schon sitzt Regi mitsamt Rucksack kreidebleich im Straßengraben. Dörrbananen, Choc Ovo, einige Schlucke Coca-Cola und gutes Zureden von meiner Seite reichen aus, dass meine tapfere Frau die Unterzuckerung rasch überwindet und nach kaum zwanzig Minuten Pause wieder auf den Beinen steht, den Rucksack auf den Rücken schnallt und losmarschiert.

Die Geschichte der restlichen Kilometer und Höhenmeter an diesem Tag ist schnell erzählt: kleine, regelmäßige Schritte, immer wieder Pausen, wenig Genuss und die Ankunft im Refugio trotzdem nur mit geringer Verspätung.

Bei unserem Eintreten in den Speisesaal des Bergrestaurants sind alle Anwesenden bereits beim Essen. Zusammen mit zwei weiteren Spätankömmlingen werden wir sofort an einen Vierertisch geführt. Stöcke und Rucksäcke in die Ecke, kein Frischmachen, kein Händewaschen, denn schon steht ein großer Suppentopf auf dem Tisch. Alleine der feine Geschmack hält uns davon ab, zuerst die Toilette aufzusuchen. Ohne es zu merken, stecken wir mitten im Pilgerdasein. Die Minestrone, unsere erste richtige Pilgermahlzeit, schmeckt hervorragend. Wir sind ausgehungert, und der Restschweiß, der von der Stirn in den Teller tropft, verleiht der Suppe zusätzliche Würze.

Unsere Tischnachbarinnen, die wir auf dem Weg nach Orisson regelmäßig kreuzten, erweisen sich nun als unterhaltsame Gesellschaft. Die Ladys aus Los Angeles und London haben sich eine spezielle Route ausgesucht, beabsichtigten sie doch, am nächsten Tag mehr als fünfzig Kilometer, direkt nach Pamplona, zurückzulegen. Na dann …, viel Glück!

Nach dem Essen führt uns der Hüttenwart zu unseren Schlafplätzen. Unseres späten Eintreffens wegen sind nur noch Betten in den geschlechtlich getrennten Zimmern frei, und da ich als Letzter zum Zimmerbezug antrete, erhalte ich natürlich einen Platz oben im Etagenbett gleich bei der Türe. Nun beginnt also das Erlernen der abendlichen Pilgerroutine: Schmutzwäsche im Lavabo auswaschen; alle Kleiderhaken besetzt; Luft draußen zum Trocken zu feucht, das heißt: am Morgen die noch nassen Kleidungsstücke außen am Rucksack anhängen; nur so viel aus dem Rucksack auspacken, dass noch so viel Platz bleibt, dass ich auf dem Bett auch noch liegen kann; schauen, dass die Plastiksäcke nachts keine lärmenden Geräusche verursachen; alles so zurechtlegen, dass am Morgen schnell wieder gepackt ist, mit Vorteil auch so, dass ein Packen im Dunkeln möglich ist. Habe ich mir so meine zweiten Flitterwochen vorgestellt? Weitere Müsterchen werden an den kommenden Abenden folgen. Wenigstens passierte dies alles mit der Vorfreude auf ein kühles Bier, doch muss ich dazu noch Glück beanspruchen. Da das Refuge um halb neun schließt, bekomme ich gerade noch mein Bier, danach wird der Restaurantteil geschlossen, und die Betreiber fahren ins Tal – dies, obschon die Unterkunft bis unters Dach und auch noch in den Zelten im Garten mit Pilgern gefüllt ist. Das ist eben Frankreich, dies wird in Spanien sicher besser werden. Genussvoll und auch ein wenig stolz trinke ich mein Bier, und zusammen mit Regi schauen wir mit Blick ins Tal zurück auf unseren Tag.

Um halb zehn verabschieden wir uns und begeben uns in die Zimmer. Die übrigen fünf Pilger stecken bereits mitten in der Schlafvorbereitung. Will ich nicht wieder der Letzte sein, gilt es jetzt Gas zu geben.

Gedanken zum Tag: Es ist alles speziell, speziell, speziell, interessant, interessant, interessant. Lediglich auf Regis Kollaps hätten wir problemlos verzichten können.

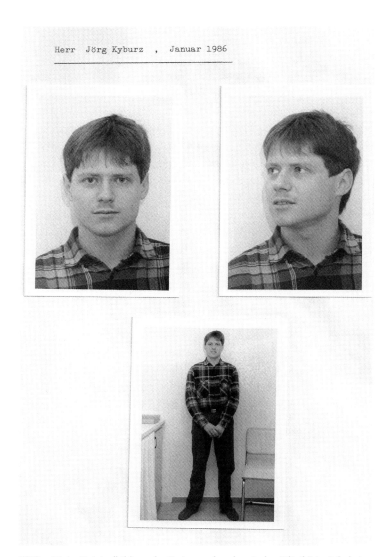

1986 – Mein Originalbild aus der Patientenakte der „Lukas Klinik" in Arlesheim

Start der Pilgerreise mit dem Pilgersegen – Stadtkirche Lenzburg, 11.07.2009

KAPITEL 2
LEBEN MIT KREBS

Ende 1985 und 1986: Kommt bereits der Alltag?

Die Therapien sind vorüber, äußerlich habe ich mich sehr gut erholt. Die Einarbeitung in die Polizeiarbeit, dies bei der neu gegründeten Bereitschaftspolizei, fällt mir recht leicht. Insbesondere die Patrouillentätigkeit, das Fahnden und die Kontakte zum Bürger bereiten mir großen Spaß. Auch die Schichttätigkeit mit abwechselndem Früh-, Spät- und Nachtdienst bereitet mir weder körperlich noch psychisch Probleme. Nicht gerade angenehm ist die Schreibarbeit. Als gelernter Mechaniker benötigte ich die deutsche Sprache in den vergangenen Jahren meist nur in mündlicher Form. Die Anwendung der Schriftsprache in Hochdeutsch will zuerst wieder geübt und perfektioniert werden. Auch das Schreibmaschinenschreiben erweist sich nicht gerade als meine Stärke. In der Polizeischule erlernte ich das Maschinenschreiben auf einer elektrischen Schreibmaschine mit feinem Anschlag. Nach der Schule erwarb ich mir sogar eine hochmoderne „Triumph" mit einem einzeiligen Display. Doch nun muss ich oft außerhalb des Büros erste Rapporte erfassen; und die Strafbefehle, die direkt zum Untersuchungsrichter gelangen, müssen gar mit Mehrfachdurchschlag geschrieben werden. Da unsere modernen Maschinen dazu nicht in der Lage sind, gilt es oft mit dem „mechanischen Hackbrett" zu arbeiten. Bei mir geschieht dies dann meist mit System „Adler", was so viel heißt wie: „geduldig über der Tastatur kreisen und dann herunterstechen". Dass bei dieser Technik nicht selten der kleine Finger zwischen den Tasten verklemmt, behagt mir gar nicht. Meist hat dies nicht nur großen Schmerz zur Folge, sondern auch noch einen Neubeginn des Rapportes, da bei meinem Missgeschick sicher der falsche Buchstabe angeschlagen wurde.

Die Freude am Beruf bedeutet für mich auch eine wunderbare Ablenkung von meiner gesundheitlichen Situation. Doch durch das tägliche Spritzen von Iscador werde ich immer wieder an meine Krankheit erinnert. Regelmäßig kehren meine Gedanken zum Krebs zurück. Dieser erhält von mir nach wie vor mehr Aufmerksamkeit, als mir lieb ist. Und doch: Die Spaziergänge im Wald, die Diskussionen mit meiner Freundin, gelegentliche Gespräche mit den Eltern – dies alles hält mich über Wasser. Hinzu kommt, dass sich meine Kondition wieder verbessert und ich tief im Innersten überzeugt bin, die Krebskrankheit überwinden zu können. „Leider" geht es nun in Richtung Adventszeit. Ich ärgere mich über mich, dass ich mir vermehrt die Frage stelle, ob dies wohl das letzte Weihnachtsfest im Kreise meiner Liebsten sei. Meine Gedankenwelt fordert die Verarbeitung der Faktenlage, und so oft ich auch davor fliehe – ich komme wohl nicht darum herum. So kommt es, dass ich mich doch auch mit dem Themenkreis Tod intensiv auseinandersetze. Meist mache ich dies im stillen Kämmerlein, da ich mein Umfeld nicht mit solch tristem Gedankengut belasten will. Nach und nach gelange ich zur Überzeugung, dass es ja auch nicht so tragisch wäre, würde mich der Sensenmann nun doch schon abholen. Ich habe bis anhin sehr intensive 24 Jahre gelebt, durfte vieles erleben, habe wenig ausgelassen und fast gar nichts verpasst. Weiter gelange ich zur Überzeugung, dass auch weit weg von dieser Erde ein schöner, heller Platz für mich reserviert ist. Meine Einstellung hilft mir, die eher dunklen Gedanken zur Seite zu legen, damit Lebensfreude und Heiterkeit nur ja nicht zu kurz kommen. Da mir in diesen Tagen selbst der Schulmediziner mitteilt, dass bei meinem Krankheitsbild eine stabile Psyche und die positive Einstellung mehr als „die halbe Miete" ausmachten, will ich dem doch sicher nicht entgegenwirken. Von einem „normalen Alltag" bin ich leider noch weit entfernt, dies lasse ich jedoch mein Umfeld so wenig wie möglich spüren.

Pilgertag 3

Montag, 13. Juli 2009, Refuge Orisson–Roncesvalles, Hotel Sabina
Distanz: 18 km, 843 m Anstieg, 678 m Abstieg,
6 Stunden unterwegs

Nach einer erstaunlich ruhigen Nacht – schliefen doch sechs gestandene Männer, einquartiert in einfachen Doppelstockbetten, im Zimmer – freue ich mich beim Aufstehen auf den bevorstehenden Pilgertag und die neuen Abenteuer. Das Packen des Rucksackes gestaltet sich auf dem Etagenbett noch etwas schwierig, doch die freien Plätze am Boden sind alle besetzt. Was lerne ich daraus? Möglichst früh anzukommen, ist in Zukunft ratsam, denn so kann ich ein unteres Bett auswählen, wodurch auch die mühsame Kletterei entfällt.

Im Esszimmer wird uns kurz nach sieben Uhr ein dürftiges Frühstück serviert. Trockenes Baguette, Butter, Konfitüre, Milchkaffee – dies muss reichen. Fast als Letzte nehmen wir kurz vor acht Uhr den Aufstieg Richtung Cisa-Pass in Angriff. Dieser wichtige Pyrenäenpass hat für die Jakobspilger eine lange Geschichte. Vor uns laufen Josiane, ebenfalls eine Schweizerin, und Theo aus Holland. Hat sich hier bereits ein erstes Pilgerpärchen gefunden? Die erste Stunde läuft sich's wunderbar. Der vierzehn Kilogramm schwere Rucksack drückt kaum. Leichter Hochnebel umgibt uns, was zu angenehmen Temperaturen führt. Es sind nur wenige Pilger unterwegs; zumindest sehen wir wegen des Nebels nur wenige. Nach gut einer Stunde Aufstieg lichtet sich der Nebel, blauer Himmel zeigt sich und offenbart eine wunderbare Weitsicht auf die umliegenden Täler.

Wir genießen jeden Schritt, verpflegen uns mit den feinen Sandwiches, die wir in Orisson gekauft haben, wechseln ab und zu ein paar Worte mit andern Pilgern, die uns überholen, und sind absolut zufrieden mit uns und der Welt. Nach rund drei Stunden steht vor uns plötzlich in der wilden Berglandschaft die Marienstatue d'Orisson. So bietet sich uns eine gute Gelegenheit für eine kurze Foto- und Verschnaufpause. Nur wenig später überschreiten wir auf unserem Marsch zur Passhöhe unbemerkt die Grenze nach Spanien.

Exakt um die Mittagszeit haben wir den höchsten Punkt auf dem Cisa-Pass auf 1 430 Meter Höhe erreicht und sind erstaunt, wie leicht uns die Kletterei fiel. Vor dem Abstieg gibt es nochmals eine kleine Stärkung, denn die Dörrfrüchte haben wir ja nicht umsonst den Berg hochgeschleppt. Da plötzlich Josiane aus der Ostschweiz wieder neben uns steht, gibt es noch einen kurzen Schwatz. Gleichzeitig hilft Regi Josiane, den Rucksack Marke „Deuter" richtig einzustellen. Josiane hat das gleiche Modell wie wir, nur haben wir bereits zu Hause einige Zeit in die korrekte Einstellung der Länge der Traggurte investiert. Auch Theo gesellt sich zu uns, was zu einer kunterbunten hochdeutsch-englischen Konversation führt, denn Theo ist Holländer und spricht ein gutes Hochdeutsch. Den nachfolgenden Abstieg nehmen wir nicht, wie vorgeschlagen, via Wald in Angriff. Da der Waldweg der Falllinie bergab verläuft und sich uns mehr als ein Bachbett denn als ein Weg präsentiert, folgen wir der einfacher zu begehenden Asphaltstraße, was für uns gelenkschonender ist. Schon bald sehen wir von Weitem das große Kloster von Roncesvalles. Bis zum Erreichen des Ziels werden unsere Gelenke jedoch nochmals aufs Äußerste gefordert.

Bereits zu Hause hatten wir uns entschieden, uns in Roncesvalles nochmals ein wenig Luxus zu gönnen, und hatten daher in einer einfachen Herberge ein Doppelzimmer reserviert. Wir genießen die Dusche und insbesondere den zur Verfügung stehenden Platz in vollen Zügen. Aus dem Fenster unseres Zimmers beobachten wir, wie Heerscharen von Pilgern in der Herberge in einer alten Kirche einquartiert werden. Alles verläuft recht militärisch, der Herbergsleiter gibt Anweisungen, verteilt Schlafplätze und zeigt die Waschräume. Später stellen wir fest, dass viele Ankommende keinen Platz mehr finden. Wo die wohl nun übernachten? Wir sind dankbar für unsere Betten und froh, dass wir heute nicht in einem Raum mit einhundert anderen Pilgern nächtigen müssen. Trotzdem würde es mich interessieren, wie es sich nun im engen, stickigen Schlafsaal, umgeben von einer Heerschar von Pilgern, anfühlt.

Der Klosterrundgang und das wohlverdiente Bier folgen. Dabei stellen wir fest, dass unsere Beine doch recht schwer sind und die Knie durch die anstrengende Wanderung stark beansprucht wurden. Die Pilgerpredigt in der Klosterkirche ist die erste Ernüchterung des Tages. Obschon sehr viele Pilger ebenfalls den Weg in die Kirche gefunden haben, scheint es nicht das Ziel der Priester zu sein, die bunt gemischte Pilgerschar mit einem besinnlichen Anlass zu beglücken. Viel mehr werden Jung und Alt mit einer „Alltagsleier" übergossen, und uns wird schnell klar, dass dies mehr Mittel zum Zweck ist. Wenn das Gotteshaus über Monate im Jahr voll ist, muss nicht für Schäflein geworben werden. Die Tatsache, dass wir in der Klosterkirche sogar für die Beleuchtung der Bilder bezahlen müssen, verstärkt unseren Eindruck, dass hier mit den Pilgern hauptsächlich ein Geschäft gemacht werde. Roncesvalles ist als Startort für den spanischen Pilgerweg bekannt, und so reisen viele Pilger, die sich die Überquerung der Pyrenäen am ersten Tag nicht zutrauen, per Bus oder Auto zum Startort an. Glücklicherweise kann uns das Erlebte die gute Laune nicht verderben. Später sollte unser erster Eindruck von diesem Ort noch zusätzliche Bestätigung finden.

Nach siebzehn Uhr verschlechtert sich das Wetter zusehends. Aus den anfänglichen Wolken entwickelt sich ein Nebeldunst, und der starke Wind lässt uns bezüglich der Wetterentwicklung nichts Gutes erahnen. Da sich sehr viele Leute im Ort befinden, mussten wir uns bei unserer Ankunft für das Nachtessen im Speisesaal des einen Restaurants anmelden. Pünktlich um sieben Uhr heißt es antreten, soll doch hier in zwei Schichten verpflegt werden. An unserem runden Tisch finden sich Pilger aus Italien, Spanien, Kanada und der Schweiz. Obschon einige wie wir bereits die Müdigkeit in den Knochen spüren, entwickelt sich eine lebhafte Diskussion. Die Suppe, der Fisch und die Kartoffeln sind, obwohl nur mittelmäßig zubereitet, ein Genuss und spenden Kraft für die morgige Etappe. Kurz nach dem Dessert müssen wir die Lokalität verlassen, da weitere Gäste bereits vor der Türe warten. Die Gemeinschaft mit den Pilgern zeigte sich heute als Bereicherung, der Ort Roncesvalles war

für uns jedoch zu stark auf den Kommerz mit den Pilgern ausgerichtet.
Gedanken des Tages: Wandern im Einklang mit der Natur kann etwas sehr Berauschendes sein. Wir konnten dies nahezu den ganzen Tag genießen.

1986 und 1987 – Die Normalität ist noch fern

Langsam, aber sicher gerät der Verarbeitungsprozess in den Hintergrund. Der Alltag hat mich wieder, zu einhundert Prozent. Oder stecke ich allenfalls bereits mitten im Verdrängungsprozess? Die Ärzte raten mir nach wie vor, für meine Gesundheit Sorge zu tragen. Mit Krebs sei nicht zu spaßen, und meine Diagnose sei ernst zu nehmen. Solche Sprüche höre ich bei jeder Arztvisite, dies mindestens alle drei Monate anlässlich größerer und großer Untersuchungen in Arlesheim oder an der Uni-Klinik in Zürich. Ach was, ich nehme meine Krankheit ernst genug: Ich achte ein wenig auf meine Ernährungsgewohnheiten, meide zu starke Sonnenbestrahlung, treibe viel Sport und erfreue mich eines ausgefüllten Lebens. Zudem geht es mir auch im persönlichen Umfeld wirklich gut. Zusammen mit meiner Freundin Regi haben wir in Lenzburg unsere erste gemeinsame Wohnung bezogen. Die viereinhalb Zimmer sind recht geräumig, und das Filetstück unserer neuen vier Wände ist erst noch ohne Wände – die Dachterrasse: gleiche Grundfläche wie die Wohnung, Pflanzen, Feuerstelle und genügend Platz, um Tischtennis zu spielen. Einfach toll! Mit dem Bezug der Wohnung hat mir Regi eröffnet, dass sie nicht als ewige Konkubine bei mir leben werde und dass sie wünsche, dass wir nach einem Jahr Zusammenleben heiraten. Da ich nun bereits sechs Jahre mit Regi rundum glücklich bin, bereitet mir dieser Gedanke absolut keine schlaflosen Nächte. Bereits wenige Monate nach dem Bezug unserer Wohnung beginnen wir mit der Hochzeitsplanung. Im Juni 1987 geben wir uns in der Kirche von Zofingen das Jawort. In besinnlichem, fröhlichen und unbeschwerten Rahmen feiern wir danach mit Familie und Freunden unsere Hochzeit: ein unvergesslicher Tag, meine wunderschöne Braut stolz, ganz in Weiß und mit einem Leuchten in den Augen, das selbst die Sterne am Nachthimmel überstrahlt. An einem solchen Tag verschwende ich keinen einzigen Gedanken an die nicht immer leichten letzten Jahre. Ich bin zu zweihundert Prozent überzeugt, dass ich gelernt habe, mit dem Krebs zu leben. Zudem hoffe ich, dass sich dieser ungebetene Weggefährte für immer aus meinem Leben verabschiedet hat. Sicher, ich habe nicht mit dem Krebs gerechnet, doch der auch nicht mit mir!

Im Beruf läuft es sehr gut, konnte ich doch von der Bereitschaftspolizei auf den Kantonspolizeiposten Lenzburg wechseln. Die Arbeit ist nun enorm vielfältig und reicht vom Verkehrsunfall über Einbruch, Körperverletzung bis hin zur Sachbeschädigung. Viele Fälle, Probleme und Schicksale laufen über meinen Arbeitstisch. Nach wie vor gefällt mir der Streifendienst am besten, und immer mehr beginnen mich auch die Schicksale der Menschen zu interessieren. Lediglich das doofe Maschinenschreiben bereitet mir nach wie vor Mühe. Mit Hanspeter wird mir ein neuer, sehr strenger Chef zugeteilt. Seine klaren Instruktionen weisen mir den Weg. Dass ich einzelne Rapporte bis zu dreimal schreiben muss, bis diese den hohen Qualitätsansprüchen meines Chefs entsprechen, ärgert mich zwar, doch bringt mich diese Arbeitsweise auch enorm vorwärts. Unter den Fittichen meines Mentors reife ich zu einem wirklich brauchbaren Berufsfachmann, der die Ansprüche an sich selber immer mehr erhöht. Viel später wird mir klar, dass dieser Vorgesetzte für meinen beruflichen Werdegang ein großes Geschenk war.

Auch im privaten Umfeld läuft es rund. Mit dem selbst gebauten Wohnmobil bereisen Regi und ich halb Europa, wobei wir dem Lockruf Norwegen, Schwedens und Finnlands wiederholt erliegen. Konditionell und athletisch findet ebenfalls eine Weiterentwicklung statt, sodass wir auch mit unserer Faustballmannschaft schöne Erfolge erzielen. Als Kapitän unseres Teams sammle ich erste Führungserfahrungen, was mir immer mehr

Freude bereitet. In unserer schönen Wohnung haben wir oft Gäste. Mein Kollege René ist wöchentlich mehrmals zur Mittagszeit zum Tischtennis-Lunch bei mir, und auch Martin, ein weiterer treuer Begleiter seit meiner Kindheit, erstattet uns regelmäßig Besuche.

Dies alles tönt wunderbar, doch im Hinterkopf winkt Bruder Krebs. Für die kommende Woche ist an der Uniklinik meine halbjährliche Großuntersuchung angemeldet: Ultraschall, PET-Scanning, Blutuntersuchung usw. Das Resultat bereitet mir heute schon Bauchschmerzen. Werden neue Metastasen gefunden? Hat sich die Lage stabilisiert? Bin ich in einer Woche noch an der Arbeit, beim Sport oder wieder in einer Klinik? Somit stecke ich wieder mitten im Verarbeitungsprozess. Dieser ist bei Weitem noch nicht abgeschlossen – der Weg zusammen mit Bruder Krebs ist noch lang.

Pilgertag 4

Dienstag, 14. Juli 2009, Roncesvalles–Erre-Pass–Larrasoaina, Distanz: 26 Kilometer, 670 Meter auf, 1121 m ab,
8 Stunden 40 Minuten unterwegs

Tagwache um halb sechs Uhr. Nach rund einer Stunde sind wir marschbereit, und um 6.45 Uhr starten wir bei leichtem Nieselregen. Vor uns füllt sich der Weg mit Pilgern, dies sehen wir sogar trotz leichtem Regen und feinem Nebel. Wir ziehen nun ins Land der Basken. So, wie sich dieses uns nun präsentiert, habe ich es mir auch vorgestellt: Die Natur ist noch wild und tiefgrün. Noch behindern mich meine Knieschmerzen nicht allzu sehr, doch der Körper sendet erste Signale und mahnt zur Vorsicht. „Langsam angehen, den Körper nicht zu Beginn schon überreizen!" Dies haben wir vor der Reise wiederholt gehört und auch als guten Tipp mit auf den Weg bekommen. Erstmals frage ich mich, was ich hier überhaupt wolle. Was suche ich marschierend im fernen Spanien, Stunde für Stunde vor mich hin laufend, teilweise mit schmerzenden Gelenken? Wieso bin ich hier? Soll mich die Pilgerfahrt das Stillwerden lehren, die Achtsamkeit, die Gelassenheit und das Loslassen? Alles Eigenschaften, die in den vergangenen intensiven, hektischen Jahren ganz klar zu kurz gekommen sind. Ich hoffe, ich finde in den kommenden Tagen Antworten auf die im Kopf kreisenden Fragen.

Mit zunehmender Laufdauer verstärken sich die Knieschmerzen, und der Druck im Magen nimmt auch zu. Plötzlich verspüre ich eine tiefe Angst, der Camino könne für mich heute schon zu Ende gehen. Ich weiß, dass es auf unserer Tagesetappe noch einige steinige Abstiegskilometer zu bewältigen gibt und diese im Pilgerführer mit „sehr schwer" gekennzeichnet sind. Der innere Druck wird immer größer, meine Laune verschlechtert sich, und ich beginne zu zweifeln. Urplötzlich überfällt mich der Gedanke, wieso es mir derart an Vertrauen mangele, und dieser Gedanke stimmt mich sehr nachdenklich. Wenn derjenige, der mich geschickt hat, will, dass ich diesen Weg gehe, dann wird er mich diesen Weg gehen lassen. Mit seinem Segen wurden wir doch auf den Weg geschickt. Ist es sein Wille, dass wir hier aufgrund gesundheitlicher Probleme bereits stoppen, dann soll es so sein. Es wird mir wieder klar, dass ich meine Gedanken selber steuern kann. Durch Angst und Wut werden meine Schmerzen nicht weniger. Durch das Vertrauen, dass alles so kommen wird, wie es kommen muss, wachsen meine Kräfte sofort wieder. Augenblicklich spüre ich eine innere Veränderung. Es geht mir wieder besser. Mit kleinen, behutsamen, fast bedächtigen Schritten gehe ich weiter. Ich spüre den Boden unter den schweren Wanderschuhen, spüre die Last des Gepäcks auf dem Rücken und spüre auch das Vertrauen, dass mich mein Körper trotz stechenden Knieschmerzen weiter vorwärtsträgt.

Der Weg führt kaum zehn Meter gerade aus, er ist bestimmt durch Richtungswechsel und stetiges Auf und Nieder. Immer wenn die Knieschmerzen stärker werden, kontaktiere ich meine Vertrauensebene, und obschon ich nun vermehrt vom inneren Druck befreit werde, sind noch nicht ganz alle Zweifel beseitigt.

Was ich hier erlebe, ist die reinste Psychotherapie. Ich bin bereit, mich dieser zu stellen. Auch wenn dies das Erlebnis „Wandern" eher negativ beeinflusst, spüre ich hier vermutlich erstmals so richtig intensiv das Erlebnis „Pilgern". Durch den Kampf mit meinem Körper und meiner Seele kam das leibliche Wohl in den vergangenen Stunden wohl ein wenig zu kurz. Das halbe Sandwich am Morgen, die zweite Hälfte auf dem Erre-Pass, waren wohl nicht ganz ausreichend. Nun meldet sich ein erster kleiner Hungerast. Kekse mit Ovomaltine, Dörrfrüchte und Coca-Cola schaffen Abhilfe und helfen mir wieder auf die Beine. Der folgende Abstieg verläuft dann wider Erwarten recht gut. Die Steine purzeln mir in so großer Anzahl von der Seele, dass die Menge zur Sanierung des nächsten Kilometers Pilgerweg ausgereicht hätte. Eine erstaunliche Erkenntnis ist für mich, dass meine zähe Frau immer ruhig vor, neben oder hinter mir läuft. Obschon es für mich nicht ganz einfach zu verkraften ist, dass sie sich augenscheinlich weit weniger mit körperlichem und seelischem Druck auseinandersetzen muss, stelle ich doch mit Bewunderung fest, welch große Stütze da neben mir läuft. Was hat diese Frau mit mir schon alles ertragen müssen! Selten hat sie sich aufgelehnt, meine Ideen und Wünsche immer mitgetragen, genauso wie jetzt und hier. Regis Frage, ob wir wirklich noch weiterwandern wollten, reißt mich aus meiner Gedankenwelt. Unbemerkt sind wir in Zubiri angekommen und würden da aufgrund der noch recht frühen Tageszeit sicher noch eine Unterkunft finden. Da ich mich zwischenzeitlich gut erholt habe, lassen wir Zubiri links liegen. Unterwegs treffen wir eine Pilgergruppe mit zwei jungen Mönchen im grauen Pilgergewand. Die zusammengewürfelte Gruppe steht ratlos am Wegrand. Gemäß Schrittzähler eines Gruppenmitgliedes sollten wir bereits bei der nächsten Ortschaft sein. Einmal mehr hilft uns allen Regis Vertrauen und Weitsicht. Sie ist überzeugt, dass die nächste Ortschaft bald kommen werde und der Schrittzähler falsch gezählt habe. Sollte dem nicht so sein, könnten wir später immer noch über eine allfällige Umkehr entscheiden. Kaum zwei Kilometer weiter erreichen wir Larrasoaina und stellen uns bei der Herbergsanmeldung im Gemeindehaus in die Schlange.

Vor uns versucht ein Brite mit Fahrrad ein Bett zu ergattern. Die erste Unterkunft ist bereits voll, und so wird noch eine Ersatzunterkunft geöffnet. „Do you speak English?", fragt er höflich, doch schon dröhnt ihm ein barsches „No, Spanish" entgegen. Nach weiteren zwei Versuchen wird er unhöflich zur Seite gewiesen und bleibt ratlos stehen. Willkommen auf dem Pilgerweg! Unter gütiger Mithilfe der Anwesenden erfährt der Radpilger, dass die Wanderpilger bei der Bettensuche bevorzugt würden und er sich noch eine halbe Stunde gedulden müsse. Erst wenn dann noch ein Bett frei sei, erhalte auch er einen Schlafplatz. Dies wurde ihm aber sicherlich nicht in englischer Sprache mitgeteilt.

Josiane trifft ohne Theo wenig später ebenfalls ein und erhält in der kargen Unterkunft nur noch das obere Doppelstockbett gleich neben den Sanitäranlagen. An diese Nacht wird sie sich noch lange erinnern. Glücklicherweise ergattern Regi und ich die beiden unteren Betten einer Doppelstockanlage, und dies gleich nebeneinander. Duschen unter kaltem Wasser scheint hier normal zu sein, gleicht das Schlafgemach doch sehr stark einer Militärunterkunft. Die Metallbetten sind ganz nahe beieinander, der Rucksack muss auf oder unter dem Bett gelagert werden, und im nicht sehr großen Raum mit zwei ganz kleinen Fenstern sind mindestens dreißig Pilger untergebracht.

In Larrasoaina finden wir eine kleine Gaststätte, in der wir für acht Euro das Nachtessen reservieren können. Bei meinem bereits zur Tradition gewordenen Feierabendbier (was ein Lenzburger mehr als zwei Mal macht, ist Tradition) führe ich eine längere, intensive Diskussion mit Bruder Johannes Elias. Er ist ein Mitglied der Johannesgemeinschaft in einem französischen Kloster. Der Orden, der in Freiburg in der Schweiz gegründet wurde, wächst entgegen dem allgemeinen Klostertrend an und hat erfreulicherweise auch viele Zugänge von jungen Mönchen zu vermelden. Johannes Elias stammt aus Deutschland. Er hat dort auch seine Schuljahre verbracht und die Ausbildung durchlaufen. Obschon er noch nicht dreißig Jahre alt ist, weilt Johannes Elias bereits mehrere Jahre im Kloster. Er strahlt eine tiefe innere Überzeugung aus und erzählt, ohne zu missionieren, von seinen Beweggründen. Johannes Elias sei von seiner Familie weggegangen, um Gott zu dienen. Er habe das weltliche Leben teilweise verlassen und nun eine neue Berufung gefunden. Trotzdem pflege er regelmäßigen Kontakt zu seiner Familie und wenigen Freunden außerhalb des Klosters. Obschon wir uns fremd sind und wir erstmals miteinander diskutieren, spüre ich bei ihm einen tiefen inneren Frieden. Im Verlaufe unseres Gespräches erzähle ich Johannes Elias als erstem Pilger auf dem Weg von meiner Krankheit. Johannes Elias zeigt sich dabei als wunderbarer Zuhörer. Als Regi uns plötzlich mitteilt, dass das Nachtessen bereitstehe, haben wir ob der tiefgründigen Diskussion Raum und Zeit um uns vergessen.

Das Nachtessen verkommt leider wieder zur Pilgerfütterung. Das Essen ist nahrhaft, geschmackvoll und dank dem Bärenhunger aller Anwesenden auch gut genießbar. Wein wird zum Menüpreis von acht Euro übrigens „à discretion" geliefert. Dies erstaunt uns, scheint jedoch auf dem Jakobsweg vielerorts normal zu sein. Später erfahren wir, dass dank der großen Rebberge in dieser Region reichlich Wein vorhanden ist und daher zu einer kräftigen Mahlzeit einfach dazu gehört. Uns soll's recht sein und so machen wir ab sofort nahezu täglich Gebrauch davon. Das Dessert in Form eines Erdbeereises aus dem Kartonbecher wird uns zugeworfen. So wird uns gleich ohne Worte mitgeteilt, der Betreiber des Lokals wolle bald schließen.

Zurückgekehrt in die Herberge, müssen wir schnell feststellen, dass längst nicht alle sogenannten Pilger das Wort „Rücksicht" kennen. Im Schlafsaal wird gegrölt und gesungen, und irgendeinmal werden auch noch unsere Betten durchgeschüttelt. Von den Störenfrieden sollten wir später keinen mehr sehen, daher gehen wir davon aus, dass es sich einfach um Touristen handelte, die eine sehr günstige Unterkunft fanden. Leider soll es auf dem Jakobsweg heute oft vorkommen, dass ganze Gruppen Pilgerherbergen stürmen, diese Gruppen jedoch nur vorgeben, zu

Fuß unterwegs zu sein. Pilgerrucksäcke und Wanderzeug werden in Bussen vor die Ortschaften geführt, wobei dann unter Vorspiegelung falscher Tatsachen in den Ort Einzug gehalten wird. Ich kann mir diese Dreistigkeit im Moment kaum vorstellen. Die Nacht wird jedenfalls stickig und mühsam. So erstaunt es nicht, dass wir am Morgen sehr früh aus den Federn fliehen und uns zu zweit wieder auf den Weg machen.

Gedanke des Tages: Der Weg ist augenscheinlich nicht nur für wahre Pilger reserviert. Wir haben jedoch die Möglichkeit, uns unsere Gesprächspartner selber auszusuchen.

Unterwegs mit dem selbst gebauten Wohnmobil
Dieses Bild entstand in Frankreich an der Atlantikküste.

In den Folgejahren bereisten wir Schweden, Norwegen, Finnland, Dänemark und den gesamten Süden Europas. Insgesamt besuchten wir mit unserem Gefährt 17 verschiedene Länder.

Am 12. August 1986 erreichten wir nach langer Fahrt auch das Nord-Kap.

Aufstieg von Orisson zum Cisa-Pass

KAPITEL 3
ZURÜCK ZUR NORMALITÄT

1986 und 1987 – Das Leben verändert sich

Ich genieße mein Leben intensiv, ja, zeitweise fast überschwänglich. Es ist nicht übertrieben zu sagen, dass ich extrem dankbar bin, noch hier zu sein. Meine täglichen Emotionen führen zu Energie in Bewegung, diese wiederum wirkt sich aus. Setze ich genügend Energie in Bewegung, schaffe ich Materie. Dies ist vereinfacht ein Gesetz der Alchemie des Universums – ist das das Geheimnis des Lebens? Ist es das, was ich will? Will ich aufgrund meiner allenfalls eingeschränkten Lebenszeit zwingend etwas schaffen, etwas bewirken? Doch was treibt mich voran, was ist meine Aufgabe?

Angespornt durch solche Gedanken, investiere ich täglich viel in den Alltag. Zwischenzeitlich wurde ich als Polizeigrenadier rekrutiert. Zusätzliche Trainings, zusätzliche Schulungen, viel Neues. In gelegentlichen Ernsteinsätzen unter erhöhtem Risiko kann ich beweisen, dass die Ausbildung stimmt und ich dem Druck auch wirklich standhalte. Ich genieße es, den Puls des Lebens bis in die letzte Haarwurzel zu spüren und mich täglich von Neuem zu beweisen. Das regelmäßige Training zeigt Wirkung. Mein Körper wird athletischer, muskulöser und widerstandsfähiger. Auch privat treibe ich viel Sport. Ich fahre regelmäßig Velo, spiele zwei- bis dreimal die Woche Faustball und jage ab und zu auch in Meisterschaftsspielen den Puls nach oben: Ja, das ist Leben pur!

Die mahnenden Worte der Ärzte überhöre ich dabei geflissentlich. In den Quartalskontrollen höre ich regelmäßig, ich solle mich nicht überfordern. Mit dem Krebs sei nicht zu spaßen, dies sei kein Spiel, und die Ressourcen meines Körpers seien noch eingeschränkt. Doch ich habe mich noch selten so lebendig gefühlt. Die letzte Großkontrolle zeigte ein unverändert gutes Bild. Ich bin auf dem richtigen Weg! Ich bin absolut überzeugt, dass ich mich bald ganz von meinem Weggefährten, Bruder Krebs, verabschieden werde. Soll der doch alleine weitergehen! Ich beabsichtige, nun wieder ein „normales Leben" zu führen.

Pilgertag 5

Mittwoch, 15. Juli 2009, Larrasoaina–Pamplona,
Distanz: 15 Kilometer, 275 m aufwärts, 320 m abwärts,
4 h unterwegs

In einem hübschen, kleinen Restaurant in einer Garage genießen wir nach dem fluchtartigen Verlassen der unruhigen Herberge ein währschaftes Morgenessen mit Milchkaffee. Wir gehen den Tag etwas ruhiger an, haben wir doch beschlossen, unsere Gelenke heute zu schonen und lediglich fünfzehn Kilometer nach Pamplona zu pilgern. In der Stadt des Stierkampfes soll doch auch noch ein wenig Zeit für eine Besichtigungstour übrig bleiben.

Meine Beine sind recht steif, doch das Knie funktioniert glücklicherweise ohne größere Schmerzen. Unterwegs fehlen mir trotz malerischer Landschaft der große Drang und die Freude zum Laufen. Meist wandern wir hintereinander auf dem schmalen Weg. Nach wie vor ist das dichte Grün vorherrschend, und ab und zu begleitet uns ein vor sich hin plätschernder kleiner Bach. Gesprochen wird an diesem Morgen kaum etwas. Das Wissen, heute nur fünfzehn Kilometer zu marschieren, dies immer in der Nähe der Hauptverkehrsachse, und dass uns am Ende der Tagesetappe rund fünf Kilometer Asphaltstrecke erwarten, lässt keine richtige Stimmung aufkommen. Grundsätzlich sollte ich glücklich sein, dass alles so gut läuft, doch meine alten Gedankenmuster drängen sich mir auf. Die Angst, in Pamplona kein Bett zu finden, meldet ihre Vorherrschaft in meiner Gedankenwelt an. Vom 6. bis 14. Juli finden in Pamplona alljährlich die bekannten „Sanfermines" statt. Das berühmte Stiertreiben durch die Gassen von Pamplona führt Besucher aus der ganzen Welt in die Stadt. Da wir Pamplona lediglich einen Tag nach Beendigung dieses Großanlasses erreichen, eilte uns die Vorwarnung entgegen, die Betten in Pamplona könnten knapp sein. Zudem meldeten am Morgen andere Pilger, die Pilgerherbergen in Pamplona seien während der „Sanfermines" alle geschlossen! Doch wo bleibt mein Vertrauen? Somit beginnt mein Psychotraining von Neuem. Alsbald wendet sich die Stimmung, und die Erkenntnis, unterwegs zu sein, erfüllt mich wieder vermehrt mit Freude.

Und tatsächlich: Ohne lange zu suchen, finden wir eingangs der Stadt Pamplona die einzige offene Pilgerherberge. Die wunderschöne Bleibe bei den Pilgerbrüdern von Paderborn öffnet nachmittags um zwei Uhr. Bereits sitzen und liegen rund zehn Pilger unter der lauschigen Pergola und erholen sich von der Tagesetappe. Paolo, der glatzköpfige Spanier, schnarcht, Josiane aus der Ostschweiz pflegt ihre Füße, Karsten aus Deutschland schläft über den Tisch gebeugt, zudem treffen laufend neue Pilger ein. Kein Vergleich zum Vortag! Im Gegenteil: Wir werden durch die drei älteren deutschen Herbergsleiter ganz herzlich empfangen. Ungefähr in der Reihenfolge des Eintreffens, natürlich gibt es auch hier Pilger, die sich vordrängen, erhalten wir beim Einschreiben erste Instruktionen und kühlen Tee. Für morgen früh wird uns ab sechs Uhr ein reichhaltiges Frühstück versprochen. Herz, was begehrst du mehr? Dies alles zusammen für lediglich sieben Euro pro Person – ein echter Dienst am Pilger, kaum zu glauben. Die Herbergsmutter aus der Nähe von Frankfurt erklärt uns, die Herberge werde stets durch ehemalige Pilger betreut. Sie wechseln sich im Ein-, Zwei- oder Drei-Wochen-Rhythmus ab, verbringen so ihre Ferien und erfreuen sich unentgeltlich am Dienst am Pilger. Kaum zu glauben, dass es noch so etwas gibt. Auf dem Weg zum Zimmer können wir unsere Rucksäcke an eine Waage hängen. Meiner bleibt bei zwölf, Regis bei acht

Kilogramm stehen. Das heißt, dass wir am Morgen mit Tagesverpflegung und Getränk jeweils mit vierzehn beziehungsweise zehn Kilogramm Gewicht starten. Der Blick des Herbergsvaters streift uns strafend, und er teilt uns mit, dass wir mindestens mit zwei Kilogramm zu viel unterwegs seien. Umso herzlicher führt er uns dann in ein wunderschönes Holzzimmer mit – kaum zu glauben – nur zwei Etagenbetten. Da das eine Bett bereits durch ein junges, nettes spanisches Paar besetzt ist, beziehen wir das andere, Regi unten, ich oben. Nach der warmen Dusche und dem Aufräumen des Rucksackes folgt die Stadtbesichtigung. Zuvor übernimmt Regi noch die Tageshandwäsche. Anfänglich wuschen wir beide am Abend jeweils Socken, Unterhosen und Wanderhemd selbstständig. Zwischenzeitlich hat sich meine liebe Frau bereit erklärt, jeweils meine Wäsche auch zu reinigen, damit ich mich zum Schreiben des Tagebuches zurückziehen kann. Ich nehme dieses Angebot natürlich nur allzu gerne an, behändige mein Netbook, das ich ebenfalls mitschleppe, und verkrümele mich an einen stillen Platz.

Der Rundgang in Pamplona ist interessant, auch wenn die Stadtarbeiter überall mit der Beseitigung des Unrates der vorangegangenen Festivitäten beschäftigt sind. Plötzlich habe ich genug gesehen, benötige ich doch dringend eine große Mütze voll Schlaf. Gemeinsam gehen wir zurück zur Herberge. Regi entschließt sich noch zu einem Quartierrundgang, und ich lege mich hin. Kaum den Kopf auf dem Kissen gebettet, falle ich auch schon in tiefe, friedliche Träume.

Das Nachtessen verbringen wir zusammen mit Michael, Josiane und Karsten im nahe gelegenen Sportzentrum. Das Essen ist mehr als durchschnittlich, doch umso interessanter sind unsere Gespräche. Michael befindet sich auf dem Rückweg von Santiago und hat einiges zu erzählen. Er gibt uns gute Tipps und berichtet, was wir keinesfalls verpassen dürfen. Josiane teilt uns mit, jeden einzelnen Tag mit sich zu kämpfen, ob sie die Pilgerschaft allenfalls bereits abbrechen sollte. Sie ist Musikerin und versucht auf dem Weg, hinsichtlich der Beziehung zu ihrem Partner ins Reine zu kommen. Doch seit Beginn der Reise tut sie sich schwer mit dem Sinn ihres Vorhabens. Zudem plagen sie diverse Blasen an den Füßen. Josiane möchte trotzdem noch zwei bis drei Tage durchhalten und danach mit dem Bus ein paar Tage ans Meer fahren. Sie hat nie in Erwägung gezogen, dieses Jahr nach Santiago zu kommen, sondern das Vorhaben auf später verschoben. Karsten ist ein Student aus Deutschland, der bereits seit Wochen auf dem Weg ist. Er hat die Pilgerschaft im Vorjahr begonnen, musste dann jedoch wegen einer Sehnenentzündung, eine häufige Verletzung in Pilgerkreisen, leider abbrechen. Noch nie habe ich einen jungen Mann, kaum zwanzig Jahre alt, getroffen, der bereits so viel über den Sinn des Lebens nachgedacht hat. Er hat mich mit seinen Ausführungen beeindruckt, doch gleichzeitig bin ich irgendwie auch froh, dass meine beiden Jungs zu Hause eine weniger belastete Jugendzeit mit nicht so vielen gewichtigen Gedanken verbringen dürfen.

Meine Krankheit wird auf unserer zukünftigen Pilgerschaft nur noch ganz selten ein „öffentliches" Thema sein. Die heutige Diskussion schüttelt auch mich selber ein wenig durch und kostet Kraft. Trotzdem genieße ich die Stunden in dieser Gruppe enorm. Kurz vor elf Uhr müssen wir uns beeilen, damit wir die Herberge noch vor Toresschluss erreichen.

Gedanke des Tages: Auch Deutsche können gute Zuhörer sein.

1987 und 1988 – Unterwegs

Ich laufe alleine durch den Wald. Startpunkt und Ziel meines Weges sind mir nicht bekannt. Unter den Schuhsohlen spüre ich bei jedem Schritt den weichen Waldboden, der sich angenehm dämpfend auf meine Gelenke auswirkt. Durch meine Nase dringt der Geruch der grünen Blätter und des frischen Mooses. Die Natur erwacht. Meine Augen erblicken ein Eichhörnchen, und es verkriecht sich, aufgeschreckt durch meine Tritte, eiligst ein Wurm im warmen, feuchten Erdreich. Unter der Zunge spüre ich noch den Geschmack des jungen Klees, den ich mir kurz zuvor in den Mund geschoben habe und nun vorsichtig kaue. In meinen Ohren erklingt der Ruf einer Amsel, und gleichzeitig vernehme ich ein Rascheln im Laub. Meine Hände streichen über die raue Rinde einer alten Eiche, verweilen einen Moment darauf und fühlen das pulsierende Leben darin. Dies alles wiederkehrend über Jahrmillionen – und ich selber ein winziger Teil des Universums. Doch wie lautet meine Aufgabe? Wieso fiel mein Samenkorn gerade hier und nicht anderswo zu Boden? Viele offene Fragen, doch bedürfen wirklich alle einer Antwort?

Nein, das Jetzt zu spüren, ist Antwort genug. Ich erhalte alle Antworten aus dem Jetzt, nur muss ich mir auch die Zeit nehmen und bereit sein, diese auch zu hören.

In meinen philosophischen Spaziergängen überflutet mich eine Unmenge von Gedanken. Meist komme ich gestärkt zurück. Manchmal finde ich Antworten, manchmal lasse ich die Fragen bewusst im Raum stehen, später beantworten sich diese oft von selbst.

Eine alte Pilgerweisheit sagt: „Zeige mir, wie du gehst, und ich sage dir, wie es dir geht. Zeige mir, wie du stehst, und ich sage dir, wie es um dich steht." Ich versuche in diesen Monaten intensiv aus den Mitmenschen zu lesen und mit ihnen zu lernen, spüre aber gleichzeitig, dass die mir nahestehenden Personen ebenfalls genau merken, wie es mir gerade geht. Interessanterweise hinterlässt dieser Gedanke in mir keine Schuldgefühle, viel mehr gibt mir dieser Kraft und Vertrauen.

Meine Gefühlsschwankungen gleichen einer Welle. Meine Gedanken sind schöpferisch und kreativ. Dies hilft mir immer mehr, sodass die positive Lebenseinstellung die Vorherrschaft erlangt. Ich bin unterwegs und bereit, meinen Teil dazu beizutragen, dass ich auch so positiv bleibe.

Pilgertag 6

Donnerstag; 16. Juli 2009, Pamplona–Obanos
Distanz: 23 Kilometer, 670 m aufwärts, 643 m abwärts,
8 Stunden 45 Minuten unterwegs

Der neue Pilgertag beginnt ganz nach unserem Geschmack: Das Morgenessen ist, wie am Vortag versprochen: einfach wunderbar. Doch beim Packen danach überwältigen mich plötzlich ganz komische Wallungen. Ich befürchte, heute keinen Meter laufen zu können. Die herzliche Verabschiedung hilft mir dann doch wieder auf die Beine, und mit dem Durchmarsch durch Pamplona verlassen wir die sagenumwobene Stadt. Schon bald muss ich dringend nach einer Toilette Ausschau halten, denn in meinem Magen rumort es gewaltig. War das Karamelldessert am Vorabend nicht mehr ganz frisch? Glücklicherweise hat noch vor dem Stadtrand trotz früher Morgenstunde eine Bar geöffnet. Eiligst erledige ich das dringend notwendige Geschäft. Das Glück ist uns hold, und so können wir noch in der gleichen Bar frisches Brot und Joghurt einkaufen. René, mein Kollege, von Beruf Apotheker, hatte uns vor der Abreise darauf hingewiesen, uns bewahre der tägliche Joghurt vor Magen- und Darmbeschwerden. Diesen Rat wollen wir ab sofort befolgen. Wenig später ergattern wir im letzten Vorort Pamplonas noch Fleisch und zwei Joghurts, und so sind wir nun für den Tag gerüstet.

Einmal unterwegs, läuft es sich nun besser, und die Pilgerschaft beginnt sogar bereits wieder richtig Spaß zu machen. Riesige Sonnenblumenfelder säumen den Weg, und der Blick in die Ferne ist nun unverstellt. Weit vor uns, auf einem Hügelkamm, zeigen sich uns unzählige Windkraftwerke. Dem Pilgerführer entnehme ich, dass wir diesen Ort passieren werden, doch kann ich mir dies im Moment kaum vorstellen, sind doch die Windräder noch winzig klein. In regelmäßigen Abständen kreuzen wir bekannte Gesichter, und ab und zu überholen uns sogar ganzen Horden von jungen Spaniern. Nach wie vor halten wir an unserem Plan, den Pilgerweg so oft wie möglich nur zu zweit zu gehen, also ohne weitere Marschbegleitung, fest. Immer wieder in der Stille pilgern zu können und dabei tief in sich abzutauchen, ist unbeschreiblich bereichernd. Für mich ist das Verarbeiten der schwierigen Lebenssituation, die Auseinandersetzung mit Bruder Krebs, nur in der Stille möglich. Sosehr ich als extrovertierter Mensch die Betriebsamkeit liebe, klärende Antworten finde ich fast ausschließlich in der Stille. Glücklicherweise kann Regi mit dem Schweigen auch sehr gut umgehen, und so verbringen wir auf dem Weg auch viele glückliche Stunden mit wenig Konversation.

Der Aufstieg auf den Perdón-Kamm auf 780 Meter Höhe ist sehr steil und unwegsam. Erstaunlicherweise gelingt uns dieser wirklich gut und locker. Die körperlichen Schmerzen halten sich in Grenzen, und vor dem Abstieg fürchten wir uns bereits weniger. Momentan befinden wir uns auf dem knapp über 1000 m hohen Bergzug Sierra del Perdón. Dieser Bergzug bildet eine natürliche Klimatrennung: nördlich grünes Vorgebirgsnavarra, südlich trockenes Mittelnavarra und dazwischen eine gigantische Kette von Windrädern. Hier oben herrscht einfach immer Durchzug. Die Klimaunterschiede sind klar zu erkennen, wir brauchen uns lediglich um einhundertachtzig Grad zu drehen. Auf dem Puerto del Perdón bestaunen wir auch das moderne Pilgerdenkmal, bestehend aus übergroßen Metallfiguren. Obschon der Blick in alle Richtungen wirklich atemberaubend ist, zieht es uns weiter in südlicher Richtung.

Trotz steinigem Abstieg verfalle ich gelegentlich in einen leichten Gang und kann richtig gut in mich abtauchen. Meine Jugend beginnt an mir vorbeizuziehen, wobei ich kaum mehr wahrnehme, was links und rechts von mir passiert. Durch ein dumpfes, verlangendes Geräusch aus der Magengegend werde ich aus meinen Träumen gerissen. Was folgt, ist ein ausgiebiger Verpflegungshalt unter einem der spärlich anzutreffenden schattenspendenden Bäume. Bei einem Café con leche in Zariquiegui gönnt sich auch Regi ihre längst fällige Toilettenpause. Im schönen Restaurant gibt es einen top sauberes WC, ein hier eher seltener Umstand, der ihr aber sehr gelegen kommt.

Auf Empfehlung von Michael aus Deutschland, unserer Pilgerbekanntschaft aus Pamplona, entscheiden wir uns trotz Mittagszeit und großer Hitze für den Umweg Richtung Kirche Eunate. Die Luft flimmert unter der Hitze, und doch marschieren wir die folgenden vier Kilometer locker, fast wie auf Wolken. Weit und breit ist über die große offene Ebene keine Menschenseele ersichtlich, nur der Himmel, die Natur und wir. Wenige Meter vor der Kirche kreuzt ein groß gewachsener, recht junger, hübscher Pilger, ausgerüstet mit einem kleinen Rucksack und schön geschwungenem Pilgerstab, unseren Weg. Freundlich grüßend läuft er an uns vorbei in Richtung Kircheneingang. Auf einer die Kirche umgrenzenden niedrigen Mauer entledigen wir uns unserer Schuhe und Socken. Barfuß umrunden wir auf dem speziell gepflasterten Kirchenumgang dreimal das achteckige Gebäude. Dabei überwältigt uns ein wunderbar mystisches Gefühl. Was im Moment mit mir passiert, ist nicht zu beschreiben, nur so viel sei an dieser Stelle verraten: Das Glücksgefühl ist unbeschreiblich.

Kurz bevor wir die Kirche betreten, erblicken wir Josiane, die durch das Tor ebenfalls den Vorplatz von „Eunate" betritt. So treten wir gemeinsam, barfuß und bedächtig in die kleine Kirche ein. Die Überraschung, die uns nun erwartet, ist groß. Der mit uns eingetroffene Pilger ist gerade damit beschäftigt, den Tauftisch mit Tuch und Messeutensilien zu bestücken. Den weißen Talar hat er bereits übergezogen, was sich uns mit den Turnschuhen darunter als recht gewöhnungsbedürftig präsentiert. Kerzen werden angezündet, und schon steht der Pater vor den offensichtlich überraschten Pilgern. Er stellt sich in gutem Englisch als Pater Rodrigo vor und erzählt uns, dass dies der letzte Tag seiner Pilgerreise von Lourdes nach Santiago sei und dass er beabsichtige, nun hier eine Dankesmesse für seine unfallfreie und inspirierende Pilgerfahrt abzuhalten. Gleichzeitig lädt uns Pater Rodrigo ein, an seiner Privatmesse teilzunehmen. Unverhofft gelangen wir drei Schweizer mitten an einem sonnigen Nachmittag in einer kleinen Kirche auf offenem Feld zu einer privaten Pilgermesse. Diese gestaltet sich für uns zu einem unvergesslichen Erlebnis. Obschon die gesamte Messe in spanischer Sprache abgehalten wird und wir nur Bruchstücke davon verstehen, genießen wir jeden Moment. Nach der Messe erhalten wir noch eine französische Übersetzung des Gehörten. Da der Padre absolut nicht weltfremd ist, darf natürlich auch die nachfolgende Fotosession nicht fehlen.

Der ursprüngliche Bestimmungszweck von „Santa Maria de Eunate" ist nicht klar belegt. Templerkirche, Friedhofskirche oder gar Wallfahrtskirche – das einsam auf einer großen Ebene erbaute achteckige Gebäude mit seiner markanten achtseitigen Bogengalerie gibt darüber keine Auskunft mehr. Die sorgfältige Bearbeitung des Steins, die feinen Rippen im Innern der achteckigen Kuppel und der große betriebene Aufwand lassen über den ursprünglichen Bestimmungszweck des Baus aus der Zeit Ende des zwölften Jahrhunderts nur Spekulationen zu.

Vor dem Abschied gibt uns Rodrigo noch einige Tipps mit auf den Weg, unter anderem eine Adresse für ein gutes, sauberes, günstiges Zimmer im Zentrum von Santiago. Er scheint jedenfalls überzeugt zu sein, dass wir die Grabstädte des Jakobus erreichen werden. Unter Angabe unseres Namens könnten wir uns ein bis zwei Tage vor der Ankunft bei der Herberge melden und würden dann sicher eine Unterkunft erhalten. Beim Verlassen der Kirche sind wir überglücklich, und trotz fortgeschrittener Zeit gelingt auch der letzte Teil der heutigen Tagesetappe problemlos.

Was soll auf diesem Weg nach so einem Erlebnis noch schiefgehen? Soll noch einer behaupten, der Weg hätte nicht für jeden, der diesen offen beschreitet, seine Überraschungen bereit!

In Obanos finden wir bei unserer Ankunft eine absolut saubere Herberge, die nicht einmal ausgebucht ist. Der Herbergsvater trägt Regi bei unserer Ankunft sogar den Rucksack ins Zimmer. Den Abend verbringen wir bei einer stärkenden Mahlzeit zusammen mit Josiane. Sie erzählt uns einiges aus ihrem Leben, und wir nehmen gerne daran teil. Mit einer Fülle von Bereicherungen fallen wir an diesem Abend in einen glücklichen, traumlosen Schlaf.

Gedanken zum Tag: So viele neue Eindrücke und Gefühle an einem Tag. Der Weg wird zum totalen Erlebnis.

In der Kirche „Eunate" mit Padre Rodrigo

Kirche Eunate, 16. Juli 2009

Auch beim Sport stets voller Einsatz!

KAPITEL 4
EIN NEUER LEBENSABSCHNITT

1989 – Familienzuwachs

Bereits einige Jahre sind seit meiner schweren Erkrankung vergangen. Die Zeit heilt sprichwörtlich Wunden, wir stellen dies glücklicherweise ebenfalls fest. Eher ungeplant hat eine höhere Macht für uns die weitere Familienplanung übernommen: Regi ist seit unserer letztjährigen Schottlandreise in freudiger Erwartung! So mussten wir auch nicht allzu viele Gedanken darüber verlieren, ob es bei meiner Gesundheitssituation überhaupt sinnvoll sei, bereits heute eine echte Familie zu gründen. Die Schwangerschaft verläuft in den ersten Monaten gut, und natürlich dürfen die verschiedenen exzessiven Gelüste auch bei Regi nicht fehlen. Genau zu diesem Zeitpunkt erhalte ich die Möglichkeit, mich als Sicherheitsbegleiter im Flugverkehr bei der „Swissair" zu bewerben. Zwei Monate als „Tiger" im Einsatz zu stehen, war ein seit langer Zeit gehegter Wunsch. Der Einsatztermin wird auf die Monate April und Mai, somit kurz nach dem Geburtstermin, festgelegt. Recht egoistisch mache ich mir über diese Terminwahl keine großen Gedanken. Das Befinden meiner Frau wird schlicht nicht in meine Entscheidungskriterien einbezogen.

Zwei Monate vor der Niederkunft muss ich für eine einwöchige Trainingseinheit in die Kaserne der Polizei Zürich einrücken. Dabei gilt es das Verhalten in Flugzeugen bei verschiedenen Störfällen zu erlernen. Bereits am Abend des zweiten Kurstages erhalte ich die Nachricht, ich solle sofort meine Frau unter einer mir unbekannten Telefonnummer anrufen. Mit zittrigen Händen, nichts Gutes ahnend, wähle ich die Nummer. Mit Erleichterung vernehme ich kurz danach Regis Stimme. Sie teilt mir mit, dass ihr der Arzt eine Woche kontrollierter Ruhe unter fachmännischer Beobachtung verordnet habe. Im Klartext: Meine Frau befindet sich im Spital.

Unverzüglich organisiere ich ein Auto und fahre nach Aarau. Regi liegt im Bett, und in ihrem Arm steckt eine Kanüle. Sie eröffnet mir, sie und das Baby benötigten ein wenig zusätzliche Unterstützung, da das im Mutterleib heranwachsende Kind noch sehr klein sei und sich standhaft weigere, weiterzuwachsen. Mein erster Gedanke dazu: „Das kann ja gut kommen! Bereits jetzt hat das kleine Wesen den sturen Kopf seines Vaters geerbt."

Ihre eigenen, ganz persönlichen Ängste vor der werdenden Mutterschaft verheimlicht mir meine Frau zu diesem Zeitpunkt. Vielmehr gelingt es ihr, mich zu beruhigen, sodass ich den Kurs problemlos zu Ende führen und die notwendigen Prüfungen mit Bravour bestehen kann.

Nach meiner Rückkehr aus dem Kurs kann ich glücklicherweise auch Regi wieder aus dem Spital abholen. In den kommenden Wochen bereiten wir uns nun gemeinsam auf die Geburt unseres ersten Kindes vor. Das Kinderzimmer wird eingerichtet, der Platz ist vorhanden, denn vor zwei Jahren sind wir in ein ganz in der Nähe gelegenes altes Einfamilienhaus, das wir günstig mieten konnten, umgezogen. Die verbleibende Schwangerschaftszeit verläuft glücklicherweise problemlos. Meiner Frau ist kaum anzusehen, dass sie schwanger ist, und tatsächlich bemerkt unsere Nachbarin ihren speziellen Zustand sogar einen Tag vor der Geburt nicht.

Am achten März ist es dann so weit: Morgens um halb sechs werde ich aus dem Bett geklingelt. Die Einsatzzentrale des Polizeikommandos beordert mich eiligst zu einem schweren Verkehrsunfall mit Todesfolge. Nach meinem unverzüglichen Ausrücken bietet sich mir kein schönes Bild: Mitten auf der Straße liegt der tote Motorfahrradfahrer, unweit davon steht der Personenwagen, der den Motorfahrradfahrer angefahren hat. Ich beginne mit der akribischen Unfallaufnahme und bin gänzlich in meine Tätigkeit vertieft, als mich ein erneuter Funkspruch der

Zentrale erreicht: Ich solle sofort nach Hause fahren, die Geburt meines Nachwuchses stehe kurz bevor, lautet der kurze Kommentar am andern Ende der Leitung. Na prima! Nun weiß der ganze Kanton, dass ich Vater werde. Dies wird somit ungeplante Nebenkosten verursachen. Auf der Unfallstelle werde ich unverzüglich abgelöst.

Zu Hause angekommen, hat Regi ein wenig bleich den Koffer gepackt. Im Spital erwartet uns gleich die nächste Überraschung: Im Kaffeeraum vor dem Empfang sitzt Regis Frauenarzt, sein an einem Gestell fixierter Arm hängt in der Schlinge. Er begrüßt uns ob der Abwechslung freudig, erklärt kurz sein Missgeschick beim Tennisspielen und begleitet uns trotz seiner misslichen Lage gleich mit ins Zimmer. Im Verlaufe des Tages erfolgen die Geburtsvorbereitungen, und nur wenige Stunden später darf ich einen gesunden Jungen in meinen Armen halten. Dass der Hebamme durch einen in seiner Bewegungsfreiheit leicht eingeschränkten Arzt assistiert wird und, dass ich den Arzt bei seiner chirurgischen Tätigkeit noch unterstützen muss, stört niemanden. Unser Benjamin ist mit seinen 1 980 Gramm kein Schwergewicht und gerade deswegen die Attraktion der Geburtsklinik. Neben diversen Babys, die bereits über vier Kilogramm auf die Waage bringen, ist unser Sohn ein wirklicher Hänfling. Für uns ist in diesem Moment jedoch lediglich wichtig, dass er gesund und munter ist. Dass Beni in den Wochen vor der Geburt seit Regis einwöchigem Spitalaufenthalt kaum mehr an Gewicht zugelegt hat, nehmen wir nur am Rande wahr. Unsere unbelastete Natürlichkeit lässt in diesem Moment keine Zukunftsängste zu, und dies ist auch gut so.

Überglücklich sitze ich einige Stunden später mit meinem Kollegen Martin, dem zukünftigen stolzen Götti von Beni, bei einem Bier. Das wirklich kräftige Einschwemmen des neuen Erdenbürgers sollte erst einige Tage später folgen.

Allein zu Hause, lassen meine intensiven Gedanken noch keinen Schlaf zu. Vor fünf Jahren stand ich auf der Schwelle zwischen Leben und Tod. Heute Morgen starb ein junger Mann bei einem Unfall, und wenige Stunden später wird mein Sohn geboren. Dass Leben und Tod so nahe beieinanderliegen, hätte mir nicht deutlicher vor Augen geführt werden können. Es wird mir einmal mehr deutlich klar, dass eine höhere Macht in Trauer und in Freude existiert und dass hinter allem eine Fügung steht. Nachdenklich und doch unheimlich dankbar falle ich wenig später in einen tiefen, erholsamen Schlaf.

Knapp einen Monat nach Benis Geburt besteige ich in Zürich als Sicherheitsbeamter ein Flugzeug, unerkennbar für die Passagiere und doch für die Sicherheit der Maschine mitverantwortlich. In den folgenden zwei Monaten reise ich auf unzähligen Flügen mehrmals rund um die Welt. Meine längeren Abwesenheiten sind für Regi eine große Zusatzbelastung, und erst viel später erzählt sie mir, ihr habe dies große Mühe bereitet. Von all den Ängsten meiner starken Frau habe ich ungehobelter Klotz in dieser für sie schweren Zeit kaum etwas bemerkt.

Pilgertag 7

Freitag, 17. Juli 2009, Obanos–Estella via Punta de la Reina
Distanz: 23 km, 649 auf, 648 ab, 7 Stunden 15 Minuten unterwegs

Grundsätzlich ist der Mensch Nomade geblieben. Die Notwendigkeit oder gar der Zwang, auf der Suche nach Essen und einer Schlafstelle immer unterwegs zu sein, steckt nach wie vor in uns. Eigentlich gibt uns die Natur vor, drei bis vier Stunden pro Tag zu laufen. Den meisten Leuten ist dies in der heutigen Zeit unmöglich. Zum einen fehlt uns die Muße, zum anderen die Zeit, zum Dritten das Verständnis für das Wissen, was uns wirklich guttut. Vermutlich stammt aber von dieser natürlichen Vorgabe die Unruhe in Form des Strebens nach dem richtigen Weg und der Veränderung, die wir Menschen noch heute so oft spüren. Von Zeit zu Zeit überwältigt uns eine tiefe Sehnsucht, alles hinter uns zu lassen, uns auf den Weg zu machen und neue Erfahrungen zu sammeln. Wir verfallen als moderne Menschen in die Rast- und Ruhelosigkeit; und dies, weil wir nicht mehr in der Lage sind, richtig zu gehen!

Wir sind nach einer ruhigen Nacht gut aufgestanden und verabschieden uns am Morgen von Josiane. Bewölkung, Sonnenschein und viel Wind erweisen sich als ideales Pilgerwetter. Das nach wie vor stetige Auf und Ab wirkt leicht ermüdend, und auch ein feines Brennen an der rechten Fußsohle verlangt ab und zu meine Aufmerksamkeit. Die Knieschmerzen der Vortage sind aber glücklicherweise weitgehend verschwunden. Nach kaum einer Dreiviertelstunde Marschzeit erreichen wir das malerische Städtchen Puente la Reina. Nun wird uns auch klar, wieso in der Herberge am Vorabend nicht alle Betten besetzt waren, wollten doch alle Pilger die Nacht im Städtchen mit dieser berühmten Brücke verbringen. Der Doppelname des Städtchens Puente la Reina/Gares weist darauf hin, dass wir uns im Baskenland befinden. Die kastilische (spanische) und die baskische Ortsbezeichnung sind oft vollkommen unterschiedlich. Da eine Königin aus Navarra die Brücke stiftete, ist der Ort noch heute danach benannt. „Puente la Reina" entspricht der „Brücke der Königin". Und tatsächlich: Die Brücke zeigt sich uns als wahres Schmuckstück.

Nach dem Verlassen des Städtchens gelangen wir mitten in einen Pilgerstrom, da auch hier viele Leute ihre Pilgerschaft beginnen. Wir durchlaufen diverse Dörfer, wobei die vielen Leute mich eher irritieren. Ich habe Mühe, meine eigenen Gedanken zu finden, und entschließe mich, den heutigen Tag einmal als gewöhnlichen Wandertag zu gestalten. Gegen Ende des Tages – wir sind den anderen Pilgern, soweit möglich, ausgewichen –, werden meine Beine enorm schwer. Auch Regi bekundet beim Marschieren während des gesamten Tages eher Mühe, und aufgrund ihrer kleinen Schritte bin ich oft gezwungen, auf sie zu warten. Oder werde ich gar von einer inneren Unruhe getrieben? In Estella entschließen wir uns, der Pilgergemeinschaft zu entfliehen, und finden ein wenig abseits des Weges im Hotel „St. Andreas" eine gute Bleibe. Ein wenig Zweisamkeit kann nach einem solchen Tag sicher nicht schaden. Zudem gilt es die dank großer

Müdigkeit etwas getrübte Stimmung aufzubessern. Dies gelingt uns nach einer ausgiebigen Stunde Schlaf beim nachfolgenden Stadtbummel wunderbar. Das Leben lässt sich hier wie in den Ferien genießen, und die feine Paella sowie das Glas Rotwein heben die Stimmung merklich an. Die während des heutigen Marsches auf der rechten Fußsohle entstandene Blase verlangt meine Aufmerksamkeit, doch mache ich mir im Moment noch keine großen Sorgen.

Gedanken zum Tag: Auch ein nur halbrunder Tag kann rund abgeschlossen werden.

1990 – Schleichendes Vergessen

Wir bestehen aus Körper, Geist und Seele, der heiligen Dreieinigkeit. Die Wissenschaft spricht von Energie, Materie und Antimaterie. Die Dichter sprechen von Herz, Geist und Seele und New-Age-Denker gar von Körper, Verstand und Geist. Unsere Zeit ist unterteilt in Vergangenheit, Gegenwart und Zukunft. Dies könnte doch gleichbedeutend sein mit Unterbewusstsein, Bewusstsein und Überbewusstsein.

Doch woraus bestehe ich nun wirklich? Bisher dachte ich immer: aus Fleisch und Blut! Lebe ich nicht im *Jetzt*, welche Rolle spielen die Vergangenheit und die Zukunft? Wie beeinflussen uns die Bewusstseinsformen? Erneut viele Fragen, die es für ein so einfach gestricktes Geschöpf wie mich zu beantworten gilt.

Mein Körper hat mich in jungen Jahren zur Vorsicht gemahnt. Mein Geist nimmt dies täglich zur Kenntnis und ist um korrektes Verhalten bemüht. Meine Seele jedoch schmerzt bei der Einsicht, dass ich am Schluss doch nur ein Mensch mit vielen Fehlern und Schwächen bin. Aber halt: glücklicherweise nicht nur Schwächen! Wie schon früher einmal erwähnt, bin ich immerhin zur Erkenntnis gelangt, dass ich in der Lage bin, meine Gedanken selber zu beeinflussen. Also ermahne ich mich zum wiederholten Male zu positivem Denken und sehe plötzlich, wie toll sich mein Leben entwickelt. Beni, unser Erstgeborener, ist zwischenzeitlich zu einem prächtigen Jungen herangewachsen. Meine Reisen in ferne Länder, die ich 1990 nochmals für zwei Monate wiederholen durfte, haben meinen Horizont massiv erweitert, und ob der gesichteten Artenvielfalt bin ich zur Überzeugung gelangt, dass wir auf unserer Erde an einem unheimlich schönen Ort leben dürfen; an einem Ort, der geprägt ist von Sauberkeit, Sicherheit, Zuverlässigkeit und noch unzähligen weiteren positiven Tugenden. Und ein ganz kleines Rädchen dieses funktionierenden Räderwerkes bin doch ich! Also gibt es keinen Grund zur Zurückhaltung oder Undankbarkeit!

Regi ist wieder schwanger, und nur eineinhalb Jahre nach Benjamin erblickt auch Michael das Licht der Welt. Erneut wird uns ein gesundes Kind geschenkt. Der Kleine und die Eltern sind wohlauf, und die ganze Verwandtschaft freut sich mit uns. Bei Michaels Taufe, die in der Kirche von Unterkulm stattfindet, helfen Regi und ich bei der Taufpredigt aktiv mit. Wir philosophieren über den Baum als Sinnbild des Lebens, wobei insbesondere die Taufvorbereitungen zusammen mit dem Pfarrer zu einem bleibenden Erlebnis werden. Die gemeinsamen Diskussionen über das neue Leben, das Geschenk des Seins und unsere Pflichten als Eltern erfüllen mich mit Freude und Stolz. Meine Schwester Regula als Taufpatin und Regis Bruder Andi als Taufpate geloben feierlich, dem neuen Erdenbürger in guten wie in schlechten Zeiten beizustehen und ihm zudem stets treue Begleiter zu sein.

Nun sind wir also eine richtige Familie und bewohnen ein kleines Haus am Stadtrand – fast wie im Bilderbuch, wäre da nicht das Damoklesschwert, das noch immer ab und zu über meinem Kopf schwingt. Glücklicherweise sehe ich dieses jedoch immer seltener. In deutlicher Form kommt es jeweils zum Vorschein, wenn es die zwischenzeitlich auf einen Halbjahresrhythmus zurückgestuften Kontrollen zu überstehen gilt. Nach wie vor erhalte ich jedoch stets positive Rückmeldungen, und dies führt dazu, dass mein Verdrängungssystem zwischenzeitlich bestens funktioniert und mich immer weniger an meine Krankheit erinnert. An drei Tagen in der Woche spritze ich noch Iscador, doch dies ist inzwischen so zur Routine geworden, dass ich es erledige wie andere das Zähneputzen. Körper, Geist und Seele, meine ganz persönliche Dreieinigkeit, haben sich wiedergefunden. Dies verhilft mir in dieser Zeit zu einem nahezu normalen Leben.

Pilgertag 8

Samstag, 18. Juli 2009, Estella–Sansol
Distanz: 30 Kilometer, 773 m aufwärts, 677 abwärts,
9 Stunden 30 Minuten unterwegs

Um fünf Minuten nach fünf Uhr starten wir in den Tag. Im Bewusstsein, dass heute eine happige Etappe vor uns liegt, haben wir uns entschlossen, sehr früh loszugehen. Kaum aufgestanden, ist schon alles gepackt. Die Füße werden kribbelig in den Schuhen, es zieht uns nach draußen. Bereits am Vorabend hatte ich am Bahnhof die Karte genau studiert, damit wir, Estella verlassend, möglichst schnell wieder auf Jakobus' Spuren wanderten. Doch – ach du Schreck: Was ich unbedingt verhindern wollte, ist doch passiert: Über eine Stunde nach dem Start irren wir immer noch in der Stadt herum. Da wir so früh sind, ist auch noch niemand auf der Straße, der uns weiterhelfen könnte. Schweren Herzens entschließen wir uns, zurück ins Stadtzentrum zu laufen, um den Stadtplan, den ich mir am Vorabend bewusst so genau eingeprägt hatte, zurate ziehen zu können. Kaum stehen wir vor dem Plan, erkenne ich auf den ersten Blick mein Missgeschick! Wie so oft in Spanien ist hier Norden nicht oben, sondern unten auf der Karte, und so sind wir von der Unterkunft her genau in die falsche Richtung gelaufen. Natürlich war so auch der gesuchte Kreisel auf der Hauptkreuzung nicht zu finden. Mit der Stimmung auf dem Nullpunkt verlassen wir erst bei voller Tageshelle die Stadt. Die Blase unter der Fußsohle sticht fortlaufend.

Noch vor neun Uhr passieren wir das Weingut Irache. Da der Jakobsweg direkt am Weingut vorbeiführt, haben die Besitzer eine sehr effiziente Werbemethode eingerichtet: Extra für die Pilger wurden zwei Brunnen gebaut. Am einen kann frisches Wasser und am anderen, obwohl dies kaum zu glauben ist, gratis Rotwein gezapft werden. Der Rioja ist nicht mal schlecht, und so spüle auch ich meinen außen am Rucksack befestigten Trinkbecher aus und zapfe einen frischen Becher Rotwein. Die Laune wird beim Genuss leicht angehoben, doch die schweren Beine beim Weitermarsch zeugen im Nachhinein nicht von einer schlau getroffenen Entscheidung.

Kurz nach Villamajor de Monjardin, das wir erstaunlich flott passieren, geht es zügig ins Landesinnere. Nun folgen jedoch zwölf Kilometer ohne Wasserstelle und nahezu ohne Bäume. Glücklicherweise bleiben unsere Getränke im Rucksacktank jeweils über eine längere Zeitspanne frisch, und so leiden wir wenigstens nicht unter Durst. Vermutlich aufgrund der Hitze merken wir erst spät, dass sich ein etwa 65-jähriger Belgier, der alleine unterwegs ist, uns angeschlossen hat. Bevor ich überhaupt etwas sagen kann, beginnt er zu erzählen, und so lassen wir ihn gewähren und setzen unseren Weg mit einer sehr einseitigen Kommunikation fort. Der Mann erzählt uns auf Französisch, dass er vor drei Jahren in Österreich einen schweren Skiunfall erlitten habe. Wieder zu Hause sei drei Wochen später bei einer Autofahrt auch noch eine Absenz, verursacht durch eine Hirnblutung als Folge des Skiunfalls, dazugekommen. Trotz schwerer Kollision sei er fast ohne weitere Verletzungen aus dem komplett zerstörten Auto befreit worden. Nach einer weiteren Hirnblutung musste ihm zwei Tage später die Schädeldecke entfernt werden. Um für seine Rettung zu danken, befinde er sich nun, nachdem er wieder vollkommen genesen sei, auf dem Jakobsweg. Die Geschichte, an dieser Stelle in stark geraffter Form wiedergegeben, ist wohl eines der vielen Schicksale, denen man täglich auf dem Jakobsweg begegnen kann.

Nachdem wir uns vom Belgier getrennt haben, erblicken wir weiter vorne ein kleines Waldstück, das sich prima zur Mittagsrast zu eignen scheint. Leider sind wir nicht die Einzigen mit dieser Idee, und so haben sich an diesem lauschigen Schattenplatz mindestens 30 müde Pilger versammelt. Wir lassen uns die Freude an der Mittagsruhe dadurch nicht schmälern und genießen den Lunch aus dem Rucksack.

Nur kurze Zeit nach der Mittagspause erreichen wir nach dreizehn Uhr die Kleinstadt Los Arcos. Ein kurzer Blick in die Kirche Santa Maria offenbart uns ein Stilgemisch aus Gotik und Barock. Goldstrotzende Altäre im schwülstigen „churrigueresken" spanischen Barock, eine Orgeltribüne unter üppigem spätgotisch-isabellinischem Netzgewölbe mit Bogengalerie zum Gemeindeplatz hin, die gar als Stierkampftribüne dient, sind dann für unser ungeübtes Auge doch ein wenig zu viel. Für uns gilt es nun die Entscheidung zu treffen, ob wir noch bis Sansol oder gar Torres del Rio weitergehen wollen. Obschon Regi bereits hier an einigen Orten der Schuh drückt, willigt sie ein, die Pilgerschaft fortzusetzen, Ziel: im Moment noch unbekannt. Was nun folgt, sind sehr harte sieben Kilometer über eine große, offene Ebene. Bereits aus weiter Entfernung sehen wir ganz klein das Dorf auf dem Hügel, das wir erreichen möchten. Obschon wir immer am Laufen sind, will und will dieses einfach nicht näher rücken. Wir bewegen uns nur noch mit Minischritten vorwärts und erreichen knapp vor sechzehn Uhr nach über neuneinhalb Stunden Marschzeit Sansol. Da wir in einer sehr alten Herberge ein freies Doppelstockbett finden, ist der Entschluss zum Hierbleiben schnell gefasst. Nach der täglichen Abendroutine, die heute etwas kürzer ausfällt, begeben wir uns ins einzige Lokal im Ort, um in Ruhe etwas Einfaches zu essen. Kaum sitzen wir, gesellt sich ein italienisches Paar in unserem Alter, das uns bereits an den Abenden zuvor einige Male begegnet ist, ungebeten zu uns. Beide schwelgen ausführlich in Pilgerromantik. Merkwürdig erscheint uns dabei jedoch, dass beide wie aus dem Ei gepellt gekleidet sind. Zudem sind keine Ermüdungserscheinungen ersichtlich, kein typisch italienisches Jammern zu hören, und in der Herberge ist von den beiden nur sehr wenig Gepäck zu sehen. Komisch ist auch, dass wir die beiden tagsüber noch nie zu Gesicht bekommen haben. Wir gelangen zur Einsicht, dass es sich bei diesem Paar wohl um „Autopilger" handeln müsse. Erst viel später sehen wir das Paar nochmals. Sie scheinen den Pilgerrhythmus einzuhalten, ihr Auftreten ist jedoch unverändert, und erneut sind keine der typischen Fußpilgerspuren zu sehen.

Gedanken des Tages: Auch mit kleinen Schritten ist es möglich, große Strecken zurückzulegen.

Der Polizist

Blick in die Ferne

KAPITEL 5
EIN WUNSCH GEHT IN ERFÜLLUNG

1991 – Das eigene Haus

Größere Veränderungen stehen an. Die Besitzerin des von uns gemieteten Hauses ist unerwartet gestorben. Zwischenzeitlich bewohnen wir das bald fünfzigjährige Haus seit über fünf Jahren. Mit meinen glücklicherweise recht geschickten Händen führe ich die notwendigsten Reparaturen jeweils selber aus. Auch die Umgebungsarbeiten werden durch Regi und mich in Eigenregie erledigt, so konnten wir in den letzten zwei Jahren unseren Urwald ein wenig roden und vor dem Haus zwei Parkplätze erstellen. Doch wie erwähnt: Obschon wir unser zu Hause inzwischen sehr lieb gewonnen haben und alle Vor- und Nachteile unseres Hauses kennen, gilt es nun allfällige Veränderungen ins Auge zu fassen. Der Sohn unserer verstorbenen Vermieterin hat uns bald nach dem Tod seiner Mutter mitgeteilt, das Haus so schnell wie möglich verkaufen zu wollen. Er hat uns auch versprochen, zuerst mit uns zu verhandeln. Leider stecken wir mitten in der Immobilienhochkonjunktur. Die Land- und Immobilienpreise in und um Lenzburg sind ins Unermessliche gestiegen, und die Hypothekarzinsen betragen um die acht Prozent! Unser Erspartes lässt beim Zusammenzählen keine Freudensprünge zu, doch ließen unsere Eltern durchblicken, uns bei Bedarf zu unterstützen.

An einem regnerischen Apriltag fahren wir somit schweren Herzens zum Verkäufer nach Bern. Für den Kaufpreis haben wir zusammen einen klaren Höchstpreis festgelegt. Im familiären Rahmen, in einer schönen Wohnung direkt an der Aare, werden wir durch den Sohn unserer ehemaligen Vermieterin und seine Ehefrau erwartet. Die beiden haben zur Verhandlung wiederum ihren Schwiegersohn, dieser ist etwa in unserem Alter und Immobilienfachmann, eingeladen. Bereits diese Tatsache lässt nichts Gutes ahnen. Die Verhandlungen beginnen harzig, keine Partei will die Katze so recht aus dem Sack lassen beziehungsweise die klaren Preisvorstellungen erwähnen, damit nur nicht allzu früh ein allfälliger Verhandlungsvorteil verspielt wird. Irgendwann wird es mir zu mühsam, und ich frage klipp und klar, welchen Preis die Gegenseite zu erzielen wünsche. Glücklicherweise haben wir in etwa mit dieser Startsumme gerechnet. Regi und ich mimen die wahnsinnig Überraschten und geben vor, bei einer Verhandlungsbasis in dieser Dimension weitere Diskussionen bereits zu diesem Zeitpunkt abzubrechen. Nun beginnt ein zähes Ringen und Verhandeln, Argumente und Gegenargumente werden auf den Tisch gelegt. Je länger die Verhandlungen dauern, desto mehr stellen wir fest, dass der Verkäufer froh wäre, das Objekt möglichst schnell und ohne weiteren großen Aufwand verkaufen zu können. Der Schwiegersohn interveniert bei den intensiv geführten Diskussionen kaum, und so nähern wir uns doch tatsächlich unseren Preisvorstellungen. Schlussendlich erreichen wir total überrascht eine Ziellandung bei unserer maximalen Preisvorstellung. Dass wir einwilligen, die gesamten Stipulationskosten zu übernehmen, ist ein kleines Zugeständnis von unserer Seite. Ein erstes Mal stelle ich fest, dass es wirklich lohnenswert ist, wenn man gut vorbereitet zu wichtigen Verhandlungen antritt.

Überglücklich fahren wir als frischgebackene Hausbesitzer nach Hause. Der Kloß im Magen sitzt bei der Rückfahrt wesentlich weniger tief als bei der Hinfahrt, obschon wir uns nach wie vor fragen, ob wir die zu erwartende große finanzielle Belastung auch tatsächlich tragen können. Auch meine Gesundheit wird dabei wieder ein Diskussionsthema. Meine Frau reagiert dabei einmal mehr und sehr bewundernswert absolut praktisch und pragmatisch. Mit einem Satz setzt sie dieser Diskussion ein schnelles Ende: „Sollte sich mit deiner Gesundheit etwas verändern und wir das Haus dann nicht mehr halten können, werden wir dieses wieder verkaufen und in eine Wohnung ziehen."

Somit hatten wir diese Thematik im Zusammenhang mit dem Hauskauf schnell abgehandelt. Die Zukunft sollte zeigen, dass wir richtig entschieden hatten. Die Zinsentwicklung verlief für uns glücklicherweise in die richtige Richtung, und unser kleines Haus am Stadtrand, eingeklemmt zwischen Autobahn und Eisenbahn, sollte uns noch sehr viel Freude bereiten.

Pilgertag 9

Sonntag, 19. Juli 2009, Sansol–Logroño
Distanz: 22 Kilometer, 475 m aufwärts, 575 abwärts,
6 Stunden 30 Minuten unterwegs

Ab heute gilt es meinen Tagesrhythmus neu anzupassen. Meine Blase auf der linken Fußsohle, direkt hinter den Zehen, dort, wo Blasen am schwierigsten zu behandeln sind, hat sich zu einer vier mal fünf Zentimeter großen Hautablösung ausgeweitet. Somit muss ich nun nicht nur jeden Morgen einen Rückzugsort für die Spritzenprozedur suchen, sondern auch noch fünfzehn bis dreißig zusätzliche Minuten für die Pflege meines Fußes einrechnen. Glücklicherweise haben wir bereits zu Hause unsere Reiseapotheke mit dem Notwendigsten aufgefüllt, und so werden am Abend Fäden durch die brandige Blase gezogen, nur um diese am Morgen wieder zu entfernen und festzustellen, dass die wunde Stelle nicht kleiner, sondern größer geworden ist. Erstaunlicherweise spüre ich die Blase, einmal angelaufen, kaum mehr. Einen unterwegs erhaltenen Vorschlag, die Schuhe bei jedem längeren Halt auszuziehen, um die verschwitzten, allenfalls feuchten Socken trocknen zu lassen, setzen wir ab sofort regelmäßig um. Wir sind ja lernfähig und stellen fest, dass unsere Füße die zusätzliche Sauerstoffzufuhr dankbar entgegennehmen.

Eine der wichtigsten Erfahrungen jedes Pilgers ist die, wie wenig der Mensch wirklich braucht. Noch vor unserer Abreise galt es klar zu definieren, was in unseren Rucksäcken alles seinen Platz finden sollte. Wir hatten uns auch entschlossen, extra für diese Reise moderne Wanderrucksäcke anzuschaffen, die unserer Körpergröße entsprechen, sodass das Gewicht auf dem Hüft- und Gesäßbereich lasten würde und die Schulterriemen dabei mehr als Führung dienten. Die ausführliche Beratung im Fachgeschäft zahlt sich nun aus, haben wir doch mit unseren Rucksäcken im Verlauf der gesamten Pilgerschaft keinerlei Probleme. Doch zurück zum Inhalt:

Regenhaube für den Rucksack, Regenschutz und Regenjacke liegen bereit, doch bereits hier beginnt das Abwägen: Pilgern wir nicht im Hochsommer durch Spanien, und da wollen wir so viel Gewicht für Wind und Wetterschutz mitschleppen? Das Studium der Fachlektüre belehrt uns, in Nordspanien sei auch im Sommer mit Schlechtwetterphasen zu rechnen, und insbesondere in Richtung Santiago fielen jährlich rund einhundert Regentage an. Somit ist das erste Kilogramm Rucksackinhalt bestimmt. Das Abwägen geht jedoch munter weiter: Sind drei Unterhosen notwendig − oder reichen zwei? Benötige ich eine kurze Hose, und wenn ja − kann diese gleichzeitig als Badehose zum Einsatz gelangen? Zwei paar Wandersocken müssen reichen. Eine lange Ultraleichthose kann auf minimalstem Platz zusammengefaltet werden. Funktionsshirt und Wanderhemd, vergangene Woche am Rampenverkauf bei „Mammut" erstanden, gibt es nur in einfacher Ausführung. Tägliches Waschen sollte möglich sein. Auf den Schlafdress wird ganz verzichtet, Unterhose und Shirt werden dazu zweckentfremdet. Ein paar gute Allzwecksandalen als Zweitschuhe dürfen nicht fehlen, ebenso diverse Toilettenartikel, Sonnenschutzmittel und Sanitätsmaterial. Der Schlapphut muss nicht in die Gewichtskalkulation einbezogen werden, da dieser seinen Platz unterwegs doch meist auf meinem Kopf einnimmt. Der Schlafsack wird zwingend benötigt, doch verzichten wir auf die vielerorts zitierte Isomatte, beabsichtigen wir doch weder im Freien noch auf dem nackten Boden zu übernachten. Das eineinhalb Liter fassende, im Innern des Rucksacks verstaute Getränkesystem soll uns über Wochen beste Dienste leisten. Regelmäßiges Trinken ist so garantiert, und wir sichern uns gleichzeitig den täglich notwendigen Magnesiumbedarf. Der Tagesproviant kommt ins obere Rucksackfach, Traubenzucker und Riegel gar in die Verschlusskappe. Besteck darf nicht fehlen, einfaches Essgeschirr und ein scharfes Schweizer Sackmesser natürlich auch nicht. Als Luxuspilger verzichten wir zudem auch nicht auf das Handy und den I-Pod. Als wahrer Gewichtsbrocken erweist sich trotz sorgfältiger Auswahl mein Netbook. Ich habe mich zur definitiven Mitnahme entschieden, da ich beabsichtige, täglich Tagebuch zu schreiben, und genau weiß, dass meine Handschrift nach wenigen Sätzen auch für mich zu unlesbaren Hieroglyphen zerfällt. Wäre da noch das Problem des Aufladens der Stromfresser zu lösen. Glücklicherweise wiegt das Allroundladegerät mit sämtlichen benötigten Zusatzsteckern nur gerade 165 Gramm. Zu Beginn der Reise schleppe ich zudem über ein Kilogramm Medikamente mit – Spritzen, Nadeln, Ampullen und diverse Tabletten, dies alles für insgesamt sechs Wochen.

Mit guter Technik und ein wenig System lassen sich auch noch je ein Pilgerführer, um uns die Routenwahl zu erleichtern, sowie Schreibzeug und Papier im Rucksack verstauen. Wie gesagt, war diese auf einer Seite zusammengefasste Beschreibung ein Prozess von mehreren Stunden mit einem in Excel festgehaltenen Protokoll, das akribisch jedes Gramm wiedergab. Ich bin ein Perfektionist, und solcherlei Spezies tut sich in jeder Lebenslage schwer, ihrer Rolle zu entfliehen. Doch was wiegt der ganze Plunder nun wirklich? Abzüglich der Kleider, die wir auf dem Leib tragen, zuzüglich der Tagesration an Getränken und Proviant bringt mein Rucksack nun fünfzehn Kilogramm auf die Waage. Nur schon dieses Gewicht auf die Schultern zu hieven, bedarf einer speziellen Technik, und ich beschließe, dass da mindestens noch ein Kilogramm eingespart werden müsse. Zwischen Wichtigem, Brauchbarem und wirklich Notwendigem stelle ich Unterschiede fest, und so gelingt es mir, mich noch von einigen wenigen Gegenständen zu trennen. Schlussendlich wiegt Regis Rucksack beim Start, vollbepackt mit einer Tagesration Verpflegung, ziemlich genau 10 Kilogramm. und meinen Ballast konnte ich doch tatsächlich auf läppische vierzehn Kilogramm reduzieren.

An dieser Stelle sei erwähnt, dass ich mein Handy täglich ganz bewusst nur einmal aktivierte. Meist außerhalb Regis Sichtweite bearbeitete ich ab und zu kurz ein paar geschäftliche Mails. Man kann mir vorwerfen, dass ich mich so nicht hätte von der „Außenwelt" lösen können. Diesen Einwand lasse ich gelten, nur verhinderte ich auf diese Weise, sofort nach der Rückkehr wieder mitten im Alltagsstress zu stecken. Nach sechs Wochen Ferien Hunderte Mails beantworten zu müssen, ist auch nicht wirklich spaßig. Ab und zu mit meinen Gedanken zu Hause zu sein, war für mich einfach weniger belastend. Für mich war es richtig so und hat gepasst. Die Tatsache, dass ich die meiste Zeit der Reise auch wirklich unterwegs war, hat mir diesen Entschluss bestätigt. Was für mich passte, muss lange nicht für alle aufgehen, und ich rate allen, gut zu überlegen, welche elektronischen Hilfsmittel auf der Pilgerschaft wirklich als solche gelten und welche in zweierlei Hinsicht nur eine Belastung sind.

Mir wurde unterwegs auch wiederholt klar, dass erst derjenige, der loslassen kann, die kleinen Dinge des Lebens auch wirklich zu schätzen lernt: den geschenkten Apfel, den freundlichen Gruß, eine Einladung zur Übernachtung oder ganz einfach das Gespräch über den Gartenzaun. Loslassen sollte für mich zu einer der entscheidenden Botschaften dieses Weges werden.

Nach stetigem Auf und Ab treffen wir bereits zu Beginn des Nachmittags in Logroño ein und marschieren über die Ebrobrücke in die Altstadt ein. Schnell ist ein einfaches Nachtlager gefunden. Bei der Tour durchs Städtchen besichtigen wir die Kirche „Santiago el Real". Diese ist mit zwei lebensgroßen, in Stein gehauenen Figuren des Apostels Jakobus bestückt: einmal als Pilger und zum andern als Matamoros, als Maurentöter hoch zu Ross. In der Schlacht von Clavijo, einer Ortschaft südlich von Logroño, soll er gemäß der Sage im Jahr 844 wieder auferstanden auf der Seite des christlichen Heeres eingegriffen und die Mauren eigenhändig besiegt haben. Auf welch blutigem Weg sind wir bloß unterwegs?

Gedanken des Tages: Entscheide gut, was du dir an Gepäck auflädst, denn du selber hast dies zu tragen.

1992 – Arbeitsplatzwechsel

Auf dem Kantonspolizeiposten in Lenzburg gingen meine selbst ernannten Lehr- und Wanderjahre 1990 langsam zu Ende. Anfang 1991 wechsle ich daher meinen Arbeitsplatz zur Verkehrs- und Autobahnpolizei. Ich erhalte so eine neue Sicht meines sehr abwechslungsreichen Berufes. Bald trete ich auch der Unfallgruppe bei und lerne die technischen Gerätschaften der Fotogrammmetrie, eines Systems zur dreidimensionalen Unfallstellenvermessung, kennen und bedienen. Obschon diese Tätigkeit sehr belastend ist, werden wir doch nur bei ganz schweren Unfällen, meist mit Todesfolge, hinzugezogen, bereitet mir diese Tätigkeit große Befriedigung. Die akribische Spurensuche liegt mir, und ich kann zur Unfallaufklärung mein gesamtes Fachwissen einsetzen. Einzelne Bilder, die ich bei dieser Tätigkeit aufnehme, brennen sich jedoch für immer in mein Hirn ein.

Der Notruf des Funkgerätes ertönt: „Schwerer Verkehrsunfall ganz in der Nähe unserer Kontrollstelle. Beteiligt sind ein Personenwagen und zwei Fußgänger", lautet der Funkspruch mit unserem Aufgebot. Mit zwei Sprüngen sitze ich schon im Patrouillenwagen, habe Blaulicht und Sirene an und fahre rasant, lasse trotzdem die gebotene Vorsicht walten, in Richtung Unfallstelle. Ein erster Überblick: Der Personenwagen steht mitten auf der Straße, davor liegt ein Kleinkind, daneben eine ältere Person, beide bewegungslos. Die Lenkerin des Personenwagens irrt unter Schock planlos umher. Wir sichern die Unfallstelle, damit es nicht noch zu Folgekollisionen kommt. Über Funk klären wir ab, ob das Ambulanzfahrzeug tatsächlich aufgeboten ist. Danach renne ich zum Kind, mein Partner zur älteren Person. Das zwei- bis dreijährige Kind wurde vom Kühlergitter des Autos auf Kopfhöhe frontal erfasst, was schwerste Verletzungen an Kopf und Körper zur Folge hat. Obschon ich genau weiß, dass das, was ich nun tue, falsch ist, setze ich mich auf den Boden, lehne mich ans Fahrzeug und nehme den leblosen Körper in meine Arme. Ich spüre keinen Herzschlag mehr, trotzdem lege ich dem Kind meine Hand unter den Hinterkopf. Vor mir sehe ich meinen eigenen Jungen, der etwa im gleichen Alter ist. Wie lange ich so dasitze, weiß ich nicht. Obschon immer mehr Leute herbeirennen, durchlebe ich einen zeitlosen Raum. Plötzlich wird mir das Kind behutsam aus dem Arm genommen. Von mir unbemerkt, ist die Ambulanz eingetroffen. Die Verunfallten erhalten nun professionelle, da ärztliche Hilfe. Mechanisch nehme ich meine Arbeit auf. Die Endlage des Fahrzeuges und der Personen wird markiert, Spuren werden gesichert, Auskunftspersonen befragt.

Der Arzt kommt zu mir und teilt mir mit, beide Unfallbeteiligten – die Großmutter, die versucht hatte, ihren Enkel, der auf die Straße rannte, aufzuhalten, sowie das dreijährige Kind – hätten keine Überlebenschancen gehabt. Die Kollision mit dem Fahrzeug sei zu stark gewesen. Zwischenzeitlich bringt ein Kollege das Fahrzeug der Unfallgruppe, das alle notwendigen technischen Geräte für die minutiöse Vermessung der Unfallstelle enthält. Die Straße wurde gesperrt, und gemeinsam beginnen wir damit, die technischen Gerätschaften aufzubauen. Die Tatsache, dass an diesem Tag die Sonne scheint, kommt mir sehr gelegen. So fällt es wenigstens kaum jemandem auf, dass der harte Polizist bei seiner Arbeit eine dunkle Sonnenbrille trägt und ab und zu das Taschentuch zu seinem Gesicht führt.

Was bringt einen Menschen dazu, freiwillig diese Tätigkeit auszuüben? Heute entschied ich nicht, ob richtig oder falsch, vielmehr ließ ich mein Herz sprechen und akzeptierte dabei spontan die mich überwältigenden Gefühle. Vielleicht konnte ich diesem kleinen, unbekannten Wesen auf seinem letzten Weg etwas mitgeben, und war es nur Geborgenheit. Doch es war nicht allein. Durch ein Negativerlebnis lerne ich an diesem Tag meine Lektion: Gefühle müssen wir nicht immer verbergen. Das Herz einzubeziehen, ist auch am Arbeitsplatz manchmal richtig. Traumberuf oder Albtraum? Beruf oder Berufung? Seit heute weiß ich: Ich wurde zu dieser Tätigkeit berufen.

Pilgertag 10

Montag, 20. Juli 2009, Logroño–Nájera
Distanz: 27 Kilometer, 614 m aufwärts, 892 abwärts,
8 h 45 min. unterwegs

Heute starten wir durch die Bilderbuch-Weinlandschaft des Rioja. Oft fragen wir uns, was wohl aus Josiane geworden ist: Hat sie ihre Pilgerschaft abgebrochen und ist ans Meer gefahren – oder läuft sie allenfalls ganz in unserer Nähe noch ein paar Tagesetappen weiter? Auf dem Handy ist sie nicht erreichbar, doch dies ist bei den Funklöchern in dieser Gegend ganz normal.

Nach einer Marschzeit von knapp zwei Stunden passieren wir ein großes Weingut. Die Asphaltstraße hat leichtes Gefälle, als Regi, von Schmerzen gepeinigt, plötzlich stehen bleibt. Ihre Unterschenkel sind angeschwollen, über dem Schuhrand zeigt sich ebenfalls eine Schwellung, und das Schienbein sticht so extrem, dass an ein Weiterlaufen nicht mehr zu denken ist. Wenige Meter neben uns finden wir unter einem Baum einen Schattenplatz. Die Rucksäcke ab, die Wanderstöcke zur Seite gelegt, beginnen wir gemeinsam damit, die Situation zu analysieren. Die teure Wandersocke hat auf Regis Schienbein und Wade deutliche Abdrücke hinterlassen. Wir ziehen Schuhe und Strümpfe aus und beginnen gemeinsam, die Beine zu massieren. Nach rund einer halben Stunde unterbrechen wir die Massage und nehmen einen kleinen Lunch zu uns. Obschon Regi aufgrund der Schmerzen mit Übelkeit zu kämpfen hat, zwingt sie sich ebenfalls, einige Bissen hinunterzuwürgen. Erleichtert stellen wir fest, dass die Schmerzen durch die Ruhepause ein wenig nachgelassen haben. Eine weitere Massage ermöglicht es Regi wenig später, Schuhe und Socken wieder anzuziehen. Die Socken zieht sie ab sofort nicht mehr hoch, sondern stülpt sie ganz einfach nur noch über die Schuhränder.

Wider Erwarten kann Regi ihre Beine nun wieder belasten. Die Schmerzen sind nach wie vor groß, doch ist ein langsamer Gang möglich. Die folgenden Tage zeigen, dass sich Regi mit dem starken Obermaterial der teuren Wandersocken tatsächlich einen Wasserstau in den Beinen zugezogen hatte. Durch das Wechseln der Socken – ab sofort verwende auch ich nur noch die billigen ALDI-Socken – verbessert sich Regis Gesundheitssituation in den folgenden Tagen. Die Tatsache, dass sie trotzdem noch einige Tage durch Schmerzen geplagt wird, zwingt uns jedoch, ab sofort das Tempo zu drosseln.

Mit einigen Pausen und in gemächlichem Tempo erreichen wir nach über acht Stunden Nãjera. Wir passieren eine Frontõn-Sporthalle, in der die Spanier dem Pelota-Spiel frönen. Vermutlich ist es in dieser Jahreszeit aber dazu zu heiß. Wir haben unterwegs einige dieser Anlagen gesehen, Spieler oder gar Spiele wurden uns leider nie präsentiert.

In der überfüllten Herberge treffen wir den gesprächigen Peter aus Deutschland. Mit dem Kabinettssekretär unterhalte ich mich über Politik und Lebensweisheiten. Aufgrund seiner Größe und Behäbigkeit erhält er von uns den Spitznamen „Grizzli-Peter". Beim Stadtbummel in Nãjera kreuzen wir Peter aus Holland. Unsere Frage nach dem Verbleib Theos kann er uns leider nicht abschließend beantworten. Wir drei entschließen uns für ein gemeinsames schönes Nachtessen. Das Essen ist zwar günstig, nur schmeckt es leider auch ziemlich durchschnittlich. Lauwarme Lasagne, ein Stück weiche Pizza, eine Flasche Rioja, eine Flasche Wasser, weißes Tischtuch und freundliche Bedienung, alles zusammen für zwölf Euro, und der Magen zeigt sich halbwegs befriedigt, da die größeren Hohlräume nun gefüllt sind.

Gedanken des Tages: Teures Pilgermaterial muss nicht zwingend gut sein, und manchmal läuft es sich auf billigen Socken eben besser.

Mit Beni und Michi im Anhänger

... oder mit Beni vorne auf dem Militärrad

Logroño, 19. Juli 2009 – Zwei Pilger, jedoch nur noch einer auf dem Weg

KAPITEL 6
VERGESSEN

1993 – Eine eher ruhige Zeit

Unsere beiden Jungs gedeihen prächtig. Sie rennen herum, quasseln und wollen stets betreut sein. Regi hat alle Hände voll zu tun, damit es ihr gelingt, das Kleinunternehmen Familie mit all unseren Wünschen zu managen. Ich genieße die Zeit mit der Familie und treibe viel Sport. Ab und zu begleiten mich die Jungs auf eine Velotour. Manchmal lade ich Beni auf den Sitz vorne auf dem Militärvelo, und wir absolvieren zusammen eine Trainingseinheit. So verbringen wir gemeinsam viele schöne Stunden, auch wenn es für Beni vielleicht nicht immer angenehm ist, wenn mein Schweiß in den Steigungen aus Versehen auf seinen Kopf tropft. An schönen Wochenenden beladen wir die Fahrräder, setzen die Jungs in den Veloanhänger und fahren ins Grüne.

Die Monate vergehen im Flug, und unser Leben verläuft dabei in geordneten Bahnen. Obschon ich eine erste Beförderungshürde im Beruf nicht genommen habe, bin ich nach wie vor sehr motiviert. Krebs ist nur noch selten ein Thema. Ich bin nun komplett überzeugt, die Krankheit überwunden zu haben und mit einem „blauen Auge" davongekommen zu sein. Die Zeit hilft zu vergessen, genau so zeigt sich dies nun auch bei mir.

Pilgertag 11

Dienstag, 21. Juli 2009, Nájera–Santo Domingo de la Calzada
Distanz: 21 Kilometer, 507 m aufwärts, 332 abwärts,
6 Stunden unterwegs

Aus den ersten Schritten sind bereits Tausende und Abertausende geworden. Der Weg unter uns sorgt täglich für eine lange Weile, absolut nicht zu verwechseln mit Langeweile. Bei stetigem Auf und Ab auf langen, geraden sonnigen Strecken oder in den selten gewordenen schattigen Waldstücken wird die lange Weile zuerst zu einer körperlichen, dann zu einer geistigen Herausforderung. Nicht nur die Füße und die Beine brennen – auch der Rücken ächzt unter der Last des Rucksacks. Der Kopf wird leer und leerer, das Herz manchmal einsam. Die Stille will ertragen sein.

So lässt sich in etwa unser momentaner Gemütszustand zusammenfassen. Trotz abwechslungsreicher Landschaft überwiegen aktuell die Schmerzen. Regis Beine sind wieder leicht angeschwollen, wobei die Unebenheiten des Weges noch stärker spürbar sind. Aufgrund der großen Blase an der Fußsohle entwickelte ich unbemerkt einen Entlastungsgang. Dies bleibt nicht unbestraft, denn plötzlich spüre ich auch am kleinen Zeh und am Außenrand des rechten Fußes ungewünschtes Wachstum. Wenigstens sind diese Stellen für Blasenpflaster besser zugänglich. Soeben laufen wir an einer Pilgerin vorbei, die, am Wegrand sitzendend, ihre Füße pflegt. Sie pilgert den Weg in Sandalen. Auf Anfrage erzählt uns Frieda, die Belgierin, sie sei vor sieben Tagen mit fünf Bekannten losgelaufen. Zwischenzeitlich seien alle andern bereits ganz ausgefallen oder zurückgeblieben. Sie selber laufe in Sandalen, da ihr die Wanderschuhe, die hinten an ihrem knallroten Rucksack baumeln, viel zu viele Schmerzen bereiteten. Der Weg fordert seine Opfer und offenbart uns seine Schicksale.

Auch bei uns beginnt sich ein wenig der Alltagstrott – oder ist es gar der Pilgerkoller? – einzuschleichen. Heute finden wir auf der gesamten Strecke kaum Schatten, und die Pilgerschaft durch Navarra – über rote Böden, vorbei an niedrigen Reben durch die Dörfer Azofra, Ciriñuela und Cirueña – kann uns nicht wirklich begeistern. Bei der Ankunft in der Herberge von Santo Domingo de la Calzada stelle ich fest, dass die große Blase blutunterlaufen ist. Zwei neu entstandene kleine Blasen steche ich auf und ziehe einen Faden ein. Bei der großen Blase entschließe ich mich zur Radikalkur. Nun kann das superleichte Edelstahlmesser, das mir Martin, mein Chef, vor der Reise geschenkt hat, beweisen, ob es zum Skalpell dient. Die fest sitzende Klinge ist jedenfalls scharf wie ein Rasiermesser. Ich packe mit der linken Hand den rechten Fuß und ziehe diesen auf den Schoß. Nach nochmaliger Betrachtung des fremden Ungetüms auf der Fußsohle setze ich das Messer an. Mit einem kräftigen Schnitt ziehe ich eine drei Zentimeter lange Kerbe durch die Blase. Sofort spritzen mir Blut und Brandwasser entgegen. Es zeigt sich nun, dass sich unter der ersten bereits eine zweite Blase gebildet und die Heilung so verhindert hat. Durch den erfolgten Schnitt lässt der Druck im Fuß fast augenblicklich nach. Dass ich danach die Wunde desinfiziere und fachmännisch verbinde, versteht sich von selbst.

Bei der nachfolgenden Besichtigung von Santo Domingo de la Calzada entwickle ich jedoch einen leicht schwingenden Gang, was lustig anzusehen sein muss. Erhöht, an der südlichen Westfassade der Kirche angebaut, findet sich in diesem Gotteshaus ein ganz unübliches Relikt in Form eines Hühnerkäfigs, bewohnt von einem Hahn und einer Henne. Kräht der Hahn im Verlaufe des Aufenthalts in der Kirche, soll dies für die Pilgerfahrt Glück bringen. Der Ursprung der Legende wird in etwa so formuliert:

„Eine deutsche Pilgerfamilie, ein Ehepaar mit einem Sohn, war auf dem Weg nach Santiago und übernachtete in einem Gasthof in Santo Domingo. Dort versuchte die Dienstmagd des Wirtes, den hübschen Sohn zu verführen. Weil er aber ihr Angebot ablehnte, steckte ihm das abgewiesene Mädchen einen silbernen Becher ins Gepäck. Als die Pilger weiterzureisen beabsichtigten, schlug die Magd Alarm. Der Junge wurde als Dieb verurteilt und alsbald gehängt. Die Eltern setzten ihre Reise nach Santiago fort und klagten, dort angekommen, dem Apostel ihr Leid. Nach Santo Domingo zurückgekehrt, stellten sie fest, dass ihr Sohn noch lebte. Der Apostel hatte ihm die ganze Zeit – immerhin einige Wochen lang – die Füße hochgehalten und ihn so gestützt. Sofort schnitt man den jungen Mann vom Strick und rief den Bischof. Dieser saß gerade bei Tisch, aß einen gebratenen Hahn und eine Henne und wies den Bericht ungläubig ab. Er sprach: ‚Eher wachsen diesem Tier hier auf meinem Teller Flügel, als dass das stimmt.' Kaum hatte er dies ausgesprochen, wuchsen dem Hühnerpaar Flügel, der Hahn krähte, und beide flogen vom Teller auf."

Der Hahn in der Kirche krähte weder bei unserer Ankunft noch bei unserem längeren Aufenthalt an diesem nicht alltäglichen Ort. Da wir trotzdem eine erfüllte Pilgerschaft erleben, gehe ich davon aus, dass er gerade heiser war oder aufgrund der großen Hitze sein Stimmorgan ganz verloren hatte. Trotz meinen Fußbeschwerden besteigen wir nach dem Besuch des Gotteshauses dessen Turm und bewundern gemeinsam von hier oben die tolle Aussicht über Navarra. Es ist interessant, aus der Vogelperspektive zu sehen, auf welchem Weg wir heute in das Städtchen einmarschiert sind und über welche Pfade wir dieses morgen wieder verlassen werden.

Gedanken des Tages: Auch wenn der Hahn in der Kirche nicht kräht, kann dem Pilger das Glück hold sein.

1994 – Neue berufliche Herausforderungen

Wie die Jungfrau zum Kind kam, so erhalte ich im Polizeikorps eine neue Aufgabe. Aus disziplinarischen Gründen musste der bisherige Projektleiter des Neubaus der Verkehrsleitzentrale den Polizeidienst quittieren. Ich bewerbe mich um diese Stelle und bekomme den Zuschlag. Die kommenden drei Jahre vertausche ich nun die Uniform mit dem Überkleid. Soeben wurde mit dem Rohbau begonnen. Mit dem Bauführer und dem Architekten entwickeln sich neue Freundschaften, und die Erweiterung meines Horizonts tut mir rundum gut. Die Aufgaben werden immer komplexer und fordern viel Fingerspitzengefühl für den Projekteinstieg. Die Aufgabe fordert mich täglich von Neuem und nicht selten bin ich zwölf Stunden pro Tag auf der Baustelle anzutreffen.

Gleichzeitig beginnt beim Polizeikorps auch die Umstellung ins Computerzeitalter. Ich werde zusätzlich zu meiner Bautätigkeit ins EDV-Projektteam berufen und darf auch dieses von Beginn an begleiten. Die Tätigkeit als EDV-Instrukteur ist sehr befriedigend, und ich entdecke dabei gleichzeitig mein Faible für die Erwachsenenbildung.

Ab und zu werden mir durch die Korpsleitung Spezialaufgaben zugeteilt. Fip, ein älterer Korpsangehöriger, ist ebenfalls an Krebs erkrankt. Seine Lage scheint hoffnungslos. Die Auseinandersetzung mit seiner Krankheit bereitet ihm große Mühe, und so werde ich gebeten, mit ihm das Gespräch zu suchen. Obschon zwischen uns ein Generationenunterschied besteht, verstehen wir uns sehr gut. Fip kennt meine Geschichte, und so akzeptiert er mich von der ersten Sekunde unseres Treffens an als „gleichwertigen" Gesprächspartner. Nun ist der Tod ganz klar das Thema Nummer eins. Fip ist bereits schwer gezeichnet, sämtliche Therapien haben versagt, und er wartet eigentlich auf die Erlösung durch den Tod. Trotzdem versuche ich ihm Mut zuzusprechen. Da ich bald feststelle, dass dies bei ihm nicht ankommt, wechseln wir zum Thema, was nach dem Leben folgt. Ich spüre, dass ihn diese Thematik viel mehr fesselt und beruhigt. So verweilen wir noch längere Zeit beim gemeinsamen Philosophieren. Als Fip müde wird, verabschiede ich mich von ihm und verspreche gleichzeitig, wiederzukommen. Bald darauf löse ich mein Versprechen ein, und wir verbringen nochmals gemeinsam einige schöne, tiefgründige Stunden. Bald darauf stirbt Fip. Dies stimmt mich traurig, doch gilt es zu akzeptieren, dass jeder von uns einmal seinen letzten Weg gehen muss. Die Tatsache, dass Fip für seinen letzten Weg gut vorbereitet war, hilft mir, meine Trauer zu verarbeiten.

Dass in solchen Phasen mein eigener Zustand auch wieder zum Thema wird, ist selbstverständlich. Nach wie vor fühle ich mich enorm gut. Ich strotze vor Kraft und Selbstvertrauen und bin oft kaum zu bremsen. Langsam, aber sicher nähere ich mich auch der Zehnjahresgrenze. Wie ich weiß, hat diese Schwelle für Hautkrebspatienten eine ganz besondere Bedeutung.

Kann ich vergessen, was war? Nein, vergessen werde ich dies nie können! Kleinigkeiten im Alltag erinnern mich stets daran; sei es, wenn ich im Sommer auf dem Segelschiff als Einziger lange Hosen und ein langes Shirt trage, sei es bei einer Routineuntersuchung, beim Entdecken eines neuen Hautfleckes oder gar, wenn uns, wie im oben erzählten Fall, die Nachricht eines Todesfalles aus dem Bekanntenkreis erreicht.

Nein, ganz niederlegen lässt sich die Vergangenheit nicht. Im Verdrängen schwerer Gedanken habe ich mich jedoch nahezu zum „Weltmeister" entwickelt.

Pilgertag 12

Mittwoch, 22. Juli 2009, Santo Domingo de la Calzada–Belorado
Distanz: 24 Kilometer, 602 m aufwärts, 450 m abwärts,
7 Stunden unterwegs

Heute brechen wir auf in Richtung Kastilien. Am Vorabend haben wir uns via I-Pod vor dem Einschlafen in der unruhigen Herberge die Erlebnisse des nächsten Tages aus dem Hörbuch von Hape Kerkeling zu Gemüte geführt. Er weiß von einer gefährlichen Straßenstrecke zu berichten, und so machen wir uns auf einiges gefasst. Von unseren bekannten Begleitern ist unterwegs weit und breit keiner zu sehen. Mit großer Wahrscheinlichkeit sind wir langsamer unterwegs als die langbeinigen Holländer.

Mit meinen gut gepflegten, mit Pflaster bestückten Füßen starten wir am Morgen erneut recht verhalten. Die ersten sieben Kilometer entwickeln sich zu unserem großen Erstaunen zu einem wahren Genuss. So passieren wir, in unserem eigenen Pilgerschritt, Dörfchen für Dörfchen. Die Landschaft wird rauer, und wir stellen fest, dass sich etwas verändert. Kilometerweit pilgern wir entlang der Hauptverbindungsachsen. Nun wird uns klar, was Hape mit den gefährlichen Straßenstücken gemeint hat: Nur wenige Meter neben uns rasen Hunderte von großen Lastwagen an uns vorbei. In den letzten Jahren wurden jedoch für die Pilger und die Landwirtschaft parallel zur Hauptstraße gute, breite Kieswege aus dem Boden gestampft. Da wir uns durch das hohe Verkehrsaufkommen neben unserem Weg nicht stören lassen, pilgert es sich auf dieser Strecke prima.

In einem kleinen Tal haben die Pilger unzählige Steinmännchen aufgeschichtet. Die kleinen Gebilde erfreuen uns, und wir spüren erneut, welch große Kraft in diesem Weg liegt. Auch wir versuchen uns in der Kunst des Steine-Beigens, doch haben wir nur wenig Muße. Es gilt den guten Trott zu nutzen und den Weg behutsam weiter zu beschreiten.

Einmal werden die fehlenden Sanitäranlagen auf diesem Streckenstück zu einem kleinen Problem. Wenn über Kilometer keine Behausung, kein Schutz und auch kein Baum zu sehen ist, gilt es die Notdurft auch mal hinter dem Rucksack zu erledigen.

Gegen Mittag steigen die Temperaturen deutlich über unangenehm. Glücklicherweise beginnt fast gleichzeitig ein recht kräftiger Wind zu blasen, der seinerseits etwas Abkühlung bringt. Der Wind bringt jedoch neue, bisher unbekannte Unannehmlichkeiten. Auf den Staubstraßen wird der Sand aufgewirbelt, und so sind wir dankbar für unsere Sonnenbrillen. Mit zunehmendem Wind gilt es zudem die Befestigungsschlaufe des Schlapphutes enger zu ziehen. Trotzdem rennen wir am heutigen Tag mehr als nur einmal unseren Kopfbedeckungen hinterher.

Trotz massivem Gegenwind und schwierigen klimatischen Verhältnissen schaffen wir es prima bis zum nächsten Etappenort. Am Ortseingang von Belorado, das auf 770 Meter Höhe gelegen ist, locken uns schöne, neue Albergues mit blau leuchtenden Swimmingpools. Wir widerstehen den Verlockungen und steigen in der öffentlichen Herberge bei der Kirche ab. Unser

Bauchgefühl hat uns einmal mehr nicht im Stich gelassen. Das Refugio befindet sich direkt an eine Kirche angebaut. In den Gemäuern ist es angenehm kühl, und das französische Ehepaar, das die Herberge betreut, ist überdurchschnittlich gastfreundlich. In einem Doppelstockbett mit Metallgestell beziehen wir unser Nachtlager. Die übrigen sechs im Zimmer anwesenden Personen sind für uns alles Neulinge. Trotz der einladenden Albergues am Ortseingang sind auch die restlichen Zimmer unserer Unterkunft komplett besetzt. Sanitär- und Waschanlagen sind einfach, aber sauber, und für den kommenden Morgen wird uns ab halb sechs Uhr sogar ein reichhaltiges Frühstück mit warmem Milchkaffee versprochen. Dies ist in den Herbergen eher eine Seltenheit. Da wir von diesem Umstand Kenntnis hatten und wir am Morgen nicht gerne ohne warmen Kaffee starten, haben wir bereits zu Hause vorgesorgt. Tauchsieder und Kaffeepulver, die sich in unserem Gepäck befinden, wurden jedoch bisher wider Erwarten nur wenig benutzt. Wir stellten bis anhin fest, dass meist spätestens nach ein bis zwei Stunden Marschzeit eine Bar folgt, die uns mit dem Notwendigsten versorgt. So begnügen wir uns jeweils am Morgen mit dem unterwegs erstandenen Joghurt, streichen so auch ein wenig Balsam auf unsere Darmflora und müssen zudem nicht mit leerem Magen starten.

Belorado zeigt sich uns als biederes, verschlafenes Provinznest. Vielleicht fühlen wir uns gerade darum hier so wohl? Nach der Besichtigung der Kirche bleibt viel Zeit zum Ausruhen, Flanieren und Einkaufen. Da kein Restaurant offen ist, genießen wir heute zu später Abendstunde eine einfache Verpflegung auf der Kirchentreppe.

Gedanken des Tages: Auch starker Gegenwind kann uns nicht von unserem Weg abbringen.

Auf dem Wasser auch zu Hause/über und unter Deck

Reisegepäck für sechs Wochen

Der Weg ist das Ziel

KAPITEL 7
DIE INTENSIVEN JAHRE BEGINNEN

1995 – Einstieg in die Politik

Vor zwei Jahren habe ich begonnen, mich mehr und mehr für die politischen Aktivitäten unsere Kleinstadt zu interessieren. Zuerst konnte ich mich nur schwer auf eine politische Richtung festlegen. Von Haus aus eher bürgerlich gefärbt, können mir durchaus auch Mitte-Links-Parteien gewisse Sympathien abringen. So kam vor einem Jahr die Anfrage der Evangelischen Volkspartei gerade zum richtigen Zeitpunkt. Junge, arbeitswillige Kräfte wurden gesucht, und es galt auch diverse Stellen in politischen Kommissionen neu zu besetzen. Kaum hatte ich das Parteibuch der EVP ein wenig näher unter die Lupe genommen, folgte auch schon die Anfrage, ob ich nicht Interesse hätte, in der Betriebskommission für öffentliche Bauten der Stadt Lenzburg mitzuarbeiten. Ich hatte Interesse und trat so mein erstes politisches Amt an. Mit viel Freude nahm ich an den Sitzungen teil und versuchte die mir zugeteilten Aufgaben so gut wie möglich zu erledigen.

Knapp ein Jahr später zieht es unseren Parteipräsidenten in die Nachbargemeinde. Auf einen Schlag fehlen der Parteipräsident und ein Einwohnerrat. Nach einigem Zögern lasse ich mich politisches Greenhorn zum Parteipräsidenten wählen; und da ich die letzten Wahlen auf einem Ersatzplatz abgeschlossen habe, kann ich in einem Nichtwahljahr gleichzeitig noch im Einwohnerrat tätig sein. Unser politisches System kennt anstelle der Gemeindeversammlung für kleinere und größere Städte den Einwohnerrat als Exekutive. Einwohnerrätinnen und -räte werden durch das Volk gewählt und bestimmen fortan über zu erlassende Gesetze und auszuführende Geschäfte. Vierzig an der Zahl sind es in Lenzburg, und ab sofort bin ich ein Vierzigstel dieses Gremiums. Aktuell sind wir im Stadtrat leider nicht vertreten, und so gilt es oft zu lobbyieren, wenn ein Geschäft auf der Kippe steht oder wenn es wichtige Geschäfte richtig zu positionieren gilt. Meine außerberufliche Tätigkeit, ausgeübt zu einhundert Prozent in der Freizeit, fesselt mich von Beginn an. Es ist spannend zu sehen, wie eine Kleinstadt funktioniert, wie das Budget zusammengestellt wird, was notwendig und was wünschbar ist. Anlässlich der Sitzungen vertrete ich regelmäßig meine Meinung und oft auch diejenige der Partei am Rednerpult. Obschon Regi und ich noch lange nicht zu den Aristokraten unseres Städtchens gehören, wird meine Stimme bald wahrgenommen. Meist versuche ich jedoch nicht, mich durch laute Worte, sondern harte Arbeit, verbunden mit Taten, auszuzeichnen, was mir wider Erwarten recht gut gelingt.

Noch ein Wort zur EVP: Im Klartext nennt sich diese „Evangelische Volkspartei der Schweiz" oder etwas weiter hergeholt das Pendant zur viel stärkeren CVP, der „Christdemokratischen Volkspartei", die ihre Mitglieder zur Hauptsache unter den Katholiken rekrutiert. Besonders wohl fühle ich mich bei der EVP, da wir eine freie Meinungsäußerung haben, keinen Gruppenzwang kennen und auch sonst sehr wenig Druck von außen unterliegen. Ich kann somit hier ganz nach meinem Geschmack Sachpolitik betreiben. Einzige Vorgabe ist das ethische Gedankengut, das ein Mitglied mitbringt. Politik zum Wohle der Menschen, nicht zum Eigennutz oder gar zur Eigenbereicherung: Dieser Leitsatz wird für meine politische Tätigkeit bestimmend, und ich fahre damit meist gut. Natürlich werde ich als EVP-ler ab und zu schräg angeschaut, und hinter vorgehaltener Hand fragen sich die Leute, ob sie hier wohl einen Frömmler vor sich hätten. Doch weit gefehlt: Dank meinem objektiven Handeln kann sich dieser Ruf nie festsetzen. Gewisse Grundsätze im Zusammenhang mit den Menschenrechten sind mir zwar sehr wichtig, doch bei den Geschäften betreibe ich reine Sachpolitik.

Und meine Frau? Sie nimmt meine Tätigkeit zur Kenntnis und akzeptiert stillschweigend das Amt der kindererziehenden

Hausfrau. Selber stellt sie sich in den Hintergrund und lässt mich in meinem Tun gewähren. Ich habe wirklich eine tolle Frau geheiratet!

Pilgertag 13

Donnerstag, 23. Juli 2009, Belorado–Agés
Distanz: 27 Kilometer, 782 m aufwärts, 632 m abwärts,
8 Stunden 30 Minuten unterwegs

Bereits um fünf Uhr verlasse ich das Bett, spritze mich, bepflastere meine Blase, nehme Tabletten ein, trage Sonnencreme und Fußsalbe auf, gehe auf die Toilette, wecke leise Regi, packe den Rucksack, und wir schlurfen gemeinsam zur Küche. In der Herberge genießen wir noch den versprochenen feinen Kaffee sowie Toastbrot mit Butter und Konfitüre. Danach gilt es die Wanderstiefel zu schnüren und den Rucksack auf den Rücken zu werfen: alles bestens bekannte, zur Routine gewordene Tätigkeiten, bevor wir uns auf den Weg machen. Bereits um 5.45 Uhr, das bedeutet für uns Frührekord, starten wir unseren Tagesmarsch. Bei kühlem Wetter läuft es sich sehr gut und auch noch zügig. Nach zwei Stunden legen wir den ersten Kaffeehalt ein, und plötzlich tauchen bekannte Gesichter auf.

Nach dem Kaffee fällt das Anlaufen schwer. Wie am Vortag weht uns bereits wieder ein massiver Gegenwind ins Gesicht. Regi schaltet in den Kriechgang und läuft nun mit unergonomisch kleinen Schritten. Schmerzen ihre Füße zu sehr? Trotzdem kommen wir erstaunlich gut voran. Der Aufstieg auf 1120 Meter in Valdefuentes gelingt prima, doch kaum geht es bergab oder geradeaus, habe ich das Gefühl, rückwärts schneller voranzukommen. Nach wie vor sind die Schritte für Regi eine Mühsal. Noch sind Beine und Füße nicht in bestem Zustand, und dies bedeutet, mich in Geduld zu üben. Leider habe ich bei der Verteilung dieser Eigenschaft vermutlich in der falschen Warteschlange gestanden, und so gilt es nun zu lernen!

In San Juan de Ortega schließen plötzlich Peter und Theo aus Holland zu uns auf. Wir entschließen uns, nicht, wie beabsichtigt, hier zu übernachten, denn die Herberge in einem halb verfallenen Kloster hinterlässt nicht gerade einen vertrauenerweckenden Eindruck. Am Kiosk kaufen wir noch ein Bocadillo zur Stärkung, und bald darauf schnüren wir die Schuhe erneut für den letzten Teil der heutigen Etappe. Gemeinsam mit den beiden Holländern folgt die gemütliche, vier Kilometer lange Wanderung nach Agés. Dort angekommen, finden wir sehr schnell eine große, saubere und gemütliche Herberge mit eigener Bar und einem Restaurant für das Nachtessen.

Die Blasenpflege fällt an diesem Abend intensiver als sonst aus. Danach treffen wir uns in der Bar, wobei mir die zwei großen Cerveza mächtig in den Kopf fahren. Klare Erkenntnis: Ein Bier hätte auf fast nüchternen Magen ausgereicht! Im Verlaufe des Gesprächs erfahren wir von Theo, er war somit nicht Josianes Kurschatten, sie habe sich ausgeklinkt und ans Meer begeben. Schade, schade; wir hätten sie gerne noch einmal gesehen, hatten wir uns doch vor fünf Tagen nicht einmal richtig verabschiedet!

Das Nachtessen wird international und absolut unterhaltsam. Zum Pilgermenü wird ausreichend Rotwein serviert, und so wird die Diskussion zwischen Joana aus Amerika, Gabriel aus der Schweiz, Tommaso aus Italien, Peter und Theo aus Holland sowie Regi und mir immer ausgelassener. An diesem Abend wird es später als gewohnt, zumal diese Herberge keine Sperrstunde kennt. Wir erfahren viel über unsere Mitpilger und teilweise auch darüber, wieso sie sich auf der Pilgerschaft befinden. Der Wein lockert die Zungen, und so sind auch die zum Teil mangelhaften Fremdsprachenkenntnisse kein Hindernis mehr. Im Notfall erfolgt die Verständigung mit Händen und Füßen, und ich bin überzeugt, unsere fröhliche Runde hätte jedem Laientheater problemlos das Wasser gereicht. Müde, aber glücklich und zufrieden sinken wir heute in die Federn. Da die Herberge nicht voll belegt ist, bin ich heute auch glücklicher Benutzer eines

unteren Etagenbettes. Nach dem ausgiebigen Alkoholkonsum ist es vielleicht besser, wenn ich nicht noch zu hohe Kletterpartien vollziehen muss.
Gedanken zum Tag: Der Weg ist völkerverbindend.

1996 – Unsere Söhne im Kindergarten

Erstmals seit der Geburt unserer beiden Buben kann Regi die Tage ein wenig gelassener angehen. Beni und Michi sind beide im Kindergarten, und wenigstens am Morgen kehrt in unser kleines Haus für zwei Stunden ein wenig Ruhe ein. Für Beni müssen wir entscheiden, ob er eingeschult werden soll. Wir erachten dies nicht als sinnvoll, lassen es durch den Schulpsychologen abklären und erhalten grünes Licht für ein drittes Jahr Kindergarten. Die Auseinandersetzung mit den Behörden ist nicht einfach, wird doch in der Stadt die Ansicht vertreten, genau zu diesem Zweck sei die Einschulungsklasse geschaffen worden. Nachdem Beni bereits im Kindergarten einer der wenigen ist, der fließend unsere Mundart spricht, versuchen wir ihm zu ersparen, sich in der Einschulungsklasse kaum vernünftig auf Deutsch unterhalten zu können. Ist dies der Preis einer zu liberalen Ausländerpolitik? „Mein lieber Schwan, für solch unchristliche Gedanken hast du dich aber der falschen Partei angeschlossen", schießt es mir durch den Kopf!

Der Neubau des Verkehrspolizeigebäudes steht kurz vor der Vollendung, der Dauerdruck bei der Arbeit nimmt somit noch zu. Gleichzeitig muss ich mich entscheiden, was ich danach beruflich zu tun gedenke. Keinesfalls will ich zurück in den Schichtdienst auf die Autobahn – nicht wegen der Tätigkeit, sondern weil mir der Schichtrhythmus überhaupt nicht behagt hatte. In den vergangenen Monaten wirkte ich auch aktiv beim Aufbau der Verkehrsleitzentrale und der Verkehrslenksysteme mit. Ich gelangte so näher zur Elektronik und konnte mich vertieft in die IT-Welt einarbeiten. So liegt es für mich auf der Hand, mich als Leiter der neuen Verkehrsleitzentrale zu bewerben. Erstmals werde ich in meinem Beruf so richtig mit dem Problem der fehlenden Kaderausbildung konfrontiert. Bei uns kommt meist nur derjenige vorwärts, der alle Kaderstufen korrekt durchlaufen hat, und dies war bei mir halt nicht der Fall. Immerhin wird mir der Stellvertreterposten mit der Betreuung der technischen Anlagen zugesprochen, und damit kann ich ganz gut leben.

Mit einem großen Fest, das ich organisieren darf, wird das neue Polizeigebäude den Benutzern, 120 Polizistinnen und Polizisten, feierlich übergeben. Am Tag der offenen Tür beehren uns 3000 Besucher. Diese bestaunen die moderne Technik mit all den Kameras, die in- und außerhalb der Tunnelanlagen zur Verkehrsüberwachung eingesetzt werden, sowie die vielen Rettungsvorkehrungen. Bei einem Crash-Test lassen wir vor dem staunenden Publikum einen PW von einem Kranfahrzeug aus zwanzig Meter Höhe auf den Boden knallen und demonstrieren dabei die enorme Wucht des Aufpralls. Das Radio sendet live vor Ort, und die Besucher erfahren am eigenen Leib, wie hart ein Aufprall mit nur 5 km/h Geschwindigkeit wirklich ist: rundum ein gelungener Tag, aber auch ein gelungener Abschluss meiner dreijährigen Tätigkeit als Projektleiter.

Was danach folgt, ist weniger angenehm: Plötzlich haben einhundertzwanzig Baufachleute den Neubau bezogen. Jeder weiß, was er ganz sicher besser gemacht hätte, und nahezu jeder findet irgendwelche Pseudomängel. Die teilweise unberechtigte Kritik geht nicht spurlos an mir vorbei, vielmehr führt sie dazu, dass ich den Besuch der Kaffeestube einige Wochen meide. Glücklicherweise hält bald der Alltag Einzug, so auch für die sehr direkten Polizisten. Ab und zu erkennt sogar einer die positiven Verbesserungen am neuen Arbeitsplatz an, und so findet auch meine Zeit ohne Kaffeepause ein Ende.

Die neue Tätigkeit gefällt mir sehr gut. Unser Team von knapp 20 Personen leistet von Beginn an gute Arbeit. Die neu erhaltene Führungsfunktion erfüllt mich mit Freude, und erste größere Ernsteinsätze, geleitet aus der neuen Zentrale, bestehen wir mit Bravour.

Pilgertag 14

Freitag, 24. Juli 2009, Agés–Burgos
Distanz: 20 Kilometer, 370 m aufwärts, 484 m abwärts,
6 Stunden unterwegs

Nun sind wir also bereits seit zwölf Tagen auf dem Weg. Die Zeit erscheint uns dank den vielen Erlebnissen lang. Die Tagesrhythmen haben sich eingespielt, und wir verspüren absolut kein Bedürfnis nach einem Ruhetag. Obschon wir schon weit über zweihundert Marschkilometer zurückgelegt haben, zieht es uns unermüdlich weiter. Dabei steht nie das Ziel im Vordergrund. Nach wie vor genießen wir Tag für Tag, was kommt, spüren den Druck unter den Schuhsohlen und stellen fortwährend zufrieden fest, dass wir vorwärtskommen. Ich bin überzeugt: Wer losgeht, um Wunder zu finden, ist von vornherein auf dem falschen Weg, denn dieser kann seinen Vorstellungen kaum gerecht werden. Wunder sind Geschenke, die uns ganz einfach zufallen. Der wahre Pilger erfährt dies, denn es gibt keine Zufälle. Der Plan ist gemacht. Für den Menschen, der sich vertrauensvoll ins Leben fallen lässt, gibt es keinen Zufall – doch was für das Leben wichtig ist, fällt ihm zu. Mit solchen Gedanken auf dem Weg bin ich einfach nur dankbar.

Nach einem kräftigen Frühstück verlassen wir heute gestärkt die Herberge. Ein herrlicher Marsch durch die prickelnde, kühle Morgenluft führt uns zügig bergauf. Nach Atapuerca steigt der Weg nochmals an. Auf dem Höhenkamm werden wir durch eine wunderbare Aussicht entschädigt. Die Freude wird lediglich getrübt durch den Verkehrslärm, stehen wir doch direkt neben der Hauptverkehrsachse in Richtung Burgos. Auch die folgenden Kilometer gestalten sich abwechslungsreich und unterhaltsam, und so erreichen wir schneller als erwartet den Stadtrand unserer ersten Großstadt: Burgos. Im Pilgerführer wird vor dem folgenden Abschnitt gewarnt, gleichzeitig empfiehlt man uns, die Strecke bis ins Stadtzentrum mit dem Bus zurückzulegen. Doch wir markieren die Unerschrockenen und wandern frisch drauflos. Mehrere Kilometer entlang des Flugplatzes und die Asphalttrassen durch hässliche Industriequartiere zeigen aber dann doch auf, was der Pilgerführer gemeint hatte. Trotzdem erreichen wir das Stadtzentrum, wo wir uns zuerst eine saubere Toilette, einen Kaffee und ein Bocadillo gönnen. Danach suchen wir uns ein kleines, einfaches Hotelzimmer, denn uns dürstet nach Ruhe.

Da der Besuch einer der größten Kathedralen Europas jedoch nicht ausgelassen werden darf, begeben wir uns kurz nach Zimmerbezug auf den Stadtrundgang. Vor der riesigen Kathedrale zu stehen, ist schlicht überwältigend. Durch das grandiose Nordportal, die Puerta de la Caroneria, betreten wir das Gotteshaus. Mehr als ein Dutzend größere und kleinere Kapellen umgeben die dreischiffige Kirche. Der offensichtlich sachkundige Schweizer Pilger Gabriel, der unsere Wege seit dem Start der Reise regelmäßig kreuzt, füttert uns in ätzendem Baslerdeutsch mit interessanten Informationen. All der Prunk und das viele Gold sind für mich zu überwältigend. Ich muss die Kirche fluchtartig verlassen. Draußen erhole ich mich bei einer Coca-Cola von meinem „Beinahe-Hungerast" und der Überfütterung mit belastender Kultur. Ich brauche fast eine Stunde, um mich zu erholen. Dieses Erlebnis führt dazu, dass wir im weiteren Verlauf unserer Pilgerschaft größere Städte schnell durchschreiten werden. Das Bedürfnis nach Monumentalem ist bei mir bereits mehr als gestillt. Ich weiß nun bereits genauer, was ich suche. Die Kraft aus der Ruhe werde ich in solchen Gebäuden sicher nicht finden können.

Nach dem Erlebnis Großkirche – Regi fand das Ganze sehr interessant – gehen wir zur Poststelle und senden für eine paar Euro den Tauchsieder, den dazu passenden Becher und einige der heute Nachmittag erstandenen Geschenke nach Hause. Dieser Ballast war uns für den minimalen Nutzen doch zu groß. Dies sollten übrigens die einzigen Gegenstände sein, die wir zu viel eingepackt hatten. Reisevorbereitung bestanden!

Am Abend verabreden wir uns noch mit Peter aus Holland zu einem feinen Nachtessen. Er hat in einer modernen Pilgerherberge, sogar mit Internetanschluss, Einlass gefunden. Ich genieße das ruhige Nachtessen sehr, und danach liegen wir noch vor 22.00 Uhr in unserem weichen, ruhigen Bett.

Gedanken zum Tag: Große Städte müssen für mich nicht zwingend eine große Bereicherung sein.

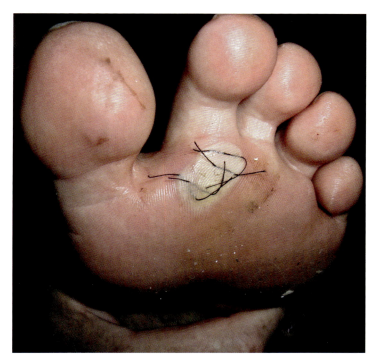

Fuß mit Blase

„Autsch" … auch das ist pilgern.

Die Fäden haben leider ihre Wirkung verfehlt, am Ende war doch die Radikalkur notwendig.

Beni und Michi in der Camargue

KAPITEL 8
LEBEN IN VOLLEN ZÜGEN

1996–2000 – Die magische Grenze ist überschritten

„Sie haben es geschafft. Es freut mich, dass dies Ihre letzte Untersuchung in der Uniklinik war. Alles ist in Ordnung, der Krebs ist nicht wieder zurückgekehrt!"

Mit diesen Worten entlässt mich der Professor aus meiner letzten Konsultation in der Uniklinik in Zürich. Tief durchatmend verlasse ich das alte Gebäude an der Rämistraße. Mit meinem Blick über die Stadt streifend, verursachen die Gedanken in meinem Kopf ein riesiges Chaos. Die Erlebnisse der vergangenen zehn Jahre rasen im Eiltempo an mir vorbei, dem ich kaum folgen kann.

Ich habe es geschafft!

Doch was habe ich selber dazu beigetragen? Sofort melden sich warnend auch die negativen Gedanken. Aus dem vor zehn Jahren unbelasteten Burschen, voller Lebensdrang und Lebensfreude, ist ein etwas ruhigerer, bereits gestandener Mann geworden. Der Drang, mich zu beweisen, ist nahezu ungebrochen, die Mittel dazu sind natürlich nicht mehr dieselben. Mein sportlicher Ehrgeiz wurde zwischenzeitlich gebremst, musste ich doch nach der dritten Knieoperation das Faustballspielen aufgeben. Auch meine Tätigkeit in der Antiterroreinheit ist beendet. Ich spürte, dass mein Körper den immer höher werdenden Anforderungen nicht gewachsen war. Der Krebs und die vergangenen zehn Jahre haben deutliche Spuren hinterlassen, doch dies will ich jetzt nicht sehen. Es warten viele Ziele, deren Verwirklichung ich nun anstrebe. Die Lebensfreude ist nach wie vor ungebrochen, und Ideen für Projekte schwirren mehr als genug durch meinen Kopf.

Leider fehlt mir ob all meiner Tätigkeiten manchmal fast ein wenig die Zeit. Ich ertappe mich regelmäßig dabei, dass ich dies und jenes auch noch gerne erledigt hätte, doch eben fehlt die liebe Zeit. Nicht selten arbeite ich bis spät in die Nacht, um dann morgens um sieben Uhr wieder im Büro zu sein. Oftmals bin ich mehrere Abende pro Woche nicht zu Hause, sei dies infolge politischer Besprechungen oder beruflicher Aufgaben. An ein bis zwei Wochenenden pro Monat arbeite ich im Geschäft, und die fälligen Ruhetage benötige ich, um meine politischen Aufgaben korrekt zu erledigen. Und korrekt will ich sein: Einmal zu etwas Ja gesagt, wird dies mit Leib und Seele, mit vollem Einsatz zu Ende geführt.

Aber kommt ob all der Geschäftigkeit nicht etwas zu kurz? Wovor laufe ich überhaupt davon? Wieso renne ich dauernd? Nur selten melden sich solch kritischen Gedanken. Meine Frau hält mir mit der Familie den Rücken frei, krank bin ich selten, und wenn, dann nur in den Ferien. Mit solcher Geschäftigkeit ziehen die Jahre zwischen dreißig und vierzig schnell durchs Land. Die Kids werden älter, die Mama hat wieder zu arbeiten begonnen und findet auch schnell und absolut problemlos den Wiedereinstieg.

Nach wie vor weiß ich nicht so recht, was ich wirklich suche. Ich bin doch wieder gesund! Ich muss doch niemandem etwas beweisen. Es bleibt mir alle Zeit der Welt, um die vielen Ideen zu verwirklichen. In einer der wenigen stillen Momente frage ich mich, was ich vermisse und wie ich mich gerne sehen würde. Meine innere Antwort fällt erstaunlich und gleichzeitig erschreckend aus:

Ich würde gerne sehen, dass es in meinem Leben vermehrt um die Entwicklung meiner Seele geht. Ich würde gerne sehen, dass es in meinem Leben darum geht, dass ich den Teil von mir, den ich ebenfalls sehr liebe, zum Ausdruck bringen kann und erfahre: den Teil von mir, der Mitgefühl, Geben und Helfen sowie Geduld ist; den Teil von mir, der wissend und weise ist, vergebend und liebend.

Für solch melancholische und halb philosophische Gedankenspiele ist nun wirklich nicht der richtige Moment – und doch kann ich diese Gedanken nicht loslassen. Meldet sich hier die zwiespältige Seele in mir, die ich, in meine Jugendjahre rückblickend, dort schon finde? Auf der einen Seite der Knabe, der sich über Jahre im Violinenspiel übt, sich aber kurz nach dem Niederlegen des pferdeschweifbehaarten Bogens auf das Motocross-Motorrad schwingt und den Drang nach Geschwindigkeit, Kraft und Freiheit auslebt? Ziehen mich noch heute solche Gegensätze an, und soll ich diesen Einhalt gebieten oder ihnen freien Lauf lassen und sie ausleben?

Obschon soeben als gesund erklärt, stellen sich Fragen, Fragen und nichts als Fragen. Glücklicherweise kann ich nun nach Hause zu meiner Frau und meinen Kindern. Regi wartet mit dem Essen, und wie so oft finde ich da eine Oase der Ruhe und der Möglichkeit loszulassen. Ich bin froh, nicht über meine wirren Gedankenspiele von heute sprechen zu müssen. Die Alltagsdiskussionen am Tisch heitern mich auf, mehr noch: Sie lenken mich ab. Dass ich am Abend noch eine Sitzung zu leiten habe, kommt mir gerade recht, und da die Vorbereitungen dazu noch nicht ganz abgeschlossen sind, gerät mein Streifzug durch die Gedankenwelt langsam in den Hintergrund.

Es kommt nicht oft vor, dass mich solche Gedankengänge einholen, doch im Innersten bin ich mir dessen bewusst, dass ich mir mit meiner Hetze durch mein Leben durch ein an und für sich sehr erfülltes Leben nicht nur Gutes tue.

Pilgertag 15

Samstag, 25. Juli 2009, Burgos–Hornillos del Camino
Distanz: 20 Kilometer, 252 m aufwärts, 265 abwärts,
6 Stunden unterwegs

Wer auf die Reise seines Lebens geht, benötigt selten viel. Was er braucht, ist eine Grundausstattung. Dazu gehört eine große Portion Zuversicht in die Menschen, denen er unterwegs begegnet. Dazu gehört die Gewissheit, dass er auf eine gute Führung zählen darf, und dazu gehört auch das Vertrauen, dass nach manch hartem Tag ein friedvoller Abend folgt. Aus materieller Sicht benötigt er lediglich Kleider, Wanderstab und Trinkgefäß. Diese Ausrüstung scheint zu genügen, denn nur damit werden alle Pilger auf den alten Stichen dargestellt.

Der Ausmarsch aus Burgos gestaltet sich am nächsten Morgen einfacher als der Einmarsch am Vortag. Bei einer Bäckerei kaufen wir direkt ab Backstube ein frisches, dunkles Brot, und so ausgerüstet, erreichen wir nach rund einer Stunde die Stadtgrenze. Nach Burgos zerfällt die Landschaft sehr bald in eine karge Wildnis. Am frühen Morgen ist der Weg vor und hinter uns, wie so oft nach größeren Etappenorten, noch mit Pilgern übersät. Schon bald lichten sich jedoch die Reihen, und Regi und ich marschieren schweigend nebeneinander, jeder meditierend in seiner eigenen Gedankenwelt. Wir ziehen vorbei an stillen, kleinen Hügeln und riesigen, abgemähten Fruchtflächen.

Die ersten zehn Kilometer liegen noch vor Ende der zweiten Marschstunde hinter uns. Danach benötigen wir innert kurzer Zeit zwei Tankstopps oder – klarer ausgedrückt – Kaffeehalte. Am zweiten Ort erhalten wir zwei kleine, in eine Zinnplatte gepresste Heiligenbildchen. Diese sind an einem Stoffbändel befestigt und präsentieren sich so rührend und kitschig, dass wir sie bereits wieder als schön empfinden und eiligst an unseren Rucksäcken befestigen, wollen wir doch diese unentgeltliche Reiseversicherung für unsere weitere Reise auch in Anspruch nehmen.

Heute wandern wir fast ausschließlich auf ausgetrockneten Feldwegen, obschon uns ein Ortsname entlang der Strecke doch ganz etwas anderes verspricht. Rabé de las Calzadas, wobei Calzada im Spanischen auf die gepflasterte Straße hinweist. Auf diese warten wir auf der gesamten heutigen Strecke jedoch vergebens, fehlte doch im heute durchwanderten Landesteil in den vergangenen Jahrhunderten das Geld zur Aufrechterhaltung der Pflästerungen. Mit dem Ausbleiben der vielen reichen Pilger zerfielen gleichzeitig die Pilgerwege und wandelten sich zurück in urbares Land.

Eingangs der Stadt Hornillo del Camino entschließen wir uns zuerst, noch weiter zu gehen, und kaufen daher in einem Shop einige Kleinigkeiten ein. Wenig später folgt eine Neubeurteilung der Lage, und wir lassen uns bereits hier, in der Herberge des Ortes, nieder. Die gesamte Unterkunft ist recht neu, nur sind leider die Matratzen wieder komplett durchgelegen. Somit erwartet uns eine Nacht fast wie in der Hängematte. Nach dem Duschen und dem Auspacken des Rucksackes – alles haben wir unter größter Lautlosigkeit ausgeführt, da vier spanische Pilger mitten am Nachmittag tief zu schlafen scheinen – erledigen wir die täglichen Routinearbeiten nach dem Marsch. Als wir uns nach diesen Tätigkeiten auch ein wenig hinlegen, stellen wir schnell fest, dass eine solche Herberge Gäste verschiedensten Benehmens aufnimmt. Wir waren rücksichtsvoll und ruhig, als die Spanier schliefen. Diese beginnen, kaum aufgewacht, laut zu telefonieren und zu diskutieren. Dass die Superpilger, wohlverstanden alles Männer im Alter zwischen fünfzig und sechzig Jahren, dann noch ungeniert übel riechende Verdauungsgase in den Raum entweichen lassen, setzt der Frechheit die Krone auf. Nicht nur Regi und ich verlassen daraufhin fluchtartig die Unterkunft. In der folgenden Nacht sollten wir noch weitere Beispiele solch untugendhaften Verhaltens erhalten.

Am späteren Nachmittag behandelt Will aus Südafrika meinen Fuß. Er ist der erfahrenste Blasenkönig auf dem Weg. Selber hatte er in Santo Domingo de la Calzada bei einem Arzt Ratschläge eingeholt, da er an einem Fuß neun Blasen hatte! So verfügt er nun über ein stattliches Arsenal an Verbandsmaterial und Desinfektionsmitteln, das er seinen gepeinigten Mitpilgern gerne zur Verfügung stellt. Am gleichen Abend setzen sich einige Pilger zusammen auf dem Boden vor der Kirche. Wir bilden auf Einladung Gabriels einen Kreis, weiß er doch zu erzählen, dass Jakobus heute Namenstag habe. Zu seinen Ehren spendet der belesene Gabriel zwei Flaschen Rotwein, und diese werden nun geduldig im Kreis herumgereicht. Die Diskussionen verlaufen in verschiedenen Sprachen, je nachdem, wer neben wem sitzt. Obschon Gabriel mit dem breiten Basler Dialekt einer der wenigen Schweizer ist, dem wir auf dem Weg begegnen und den wir schon mehrmals unterwegs getroffen haben, führten wir bis anhin noch kein persönliches Gespräch mit ihm. Die folgenden Minuten bringen uns ein wenig näher, und irgendwann einmal fällt die Frage, wo er denn überhaupt wohne. Seine Antwort hebt mich fast aus den Schuhen: „Ich wohne in Lenzburg, einem kleinen Aargauer Provinzstädtchen direkt an der Autobahn zwischen Bern und Zürich. Die Stadt kennt man eigentlich nur dank ihrem Wahrzeichen, einem großen alten Schloss." Zuerst denke ich, Gabriel wolle mich auf den Arm nehmen. Beim Nachhaken schildert er mir jedoch weitere Details seiner Wohngemeinde, die nun keine Zweifel mehr über seine Herkunft zulassen: Gabriel ist vor zwei Jahren nach Lenzburg gezogen, und wir sind uns während dieser Zeit in unserer Wohngemeinde mit achttausend Einwohnern nie begegnet. Augenscheinlich ist auch meine politische Reputation nicht bis zu ihm durchgedrungen, denn auch für ihn sind wir Fremde. Die Welt ist halt wirklich klein: Da wandert man Tausende Kilometer weg von zu Hause kurz durch Nordspanien, und wen trifft man – fast einen Nachbarn!

Gedanken des Tages: ein Hoch auf Jakobus und seinen heutigen Namenstag!

1996–2000 – Der Hausumbau

Beruflich läuft es nun etwas ruhiger, und auch politisch befinden wir uns außerhalb einer Wahlperiode. Nicht, dass wir uns dies ausgesucht hätten, doch die Zeit ist ideal für einen Hausumbau. Ein zweites Badezimmer ist gewünscht, die Zimmer werden renoviert, und zudem soll unser Auto zukünftig Platz in einer Garage finden. Nach längerer Planungszeit schreiten wir zu Tat. Um das Vorhaben kostengünstiger abzuschließen, beabsichtigen wir, sehr viel Eigenleistung einzubringen. Zudem verzichten wir in den kommenden zwei Jahren auf größere Ferien. Die Urlaube werden zu Arbeitsferien umfunktioniert, und was insbesondere die Handwerker kaum erwartet hatten: Das Werk wird schlussendlich termingerecht und wunschgemäß gelingen.

Ich genieße es, nach dem Feierabend, während meiner Ferien und an den Samstagen mit großen Maschinen zu hantieren. Mauern werden durchgeschnitten, Dachbalken zersägt, Ziegel in die Mulden geworfen, Sickergräben ausgehoben, Sickerleitungen verlegt und vieles mehr. Oft werde ich dabei durch Regi oder einzelne Kollegen unterstützt. Martin, Benis Patenonkel, erweist sich als besonders eifriger Helfer, und so verbringen wir viele interessante und intensive Stunden zusammen auf der Baustelle.

Leider haben wir in den eineinhalb Jahren auch zwei kleinere Zwischenfälle zu verbuchen. Mein Vater, bald siebzig Jahre alt, stürzt beim Fassadenmalen rückwärts vom Baugerüst. Glücklicherweise ist die Fallhöhe nicht sehr groß, und so zieht er sich lediglich einen Kopfschwartenriss zu, der vom Arzt genäht werden muss. Das zweite Missgeschick passiert mir selber. Mit der rechen Hand die Fernsteuerung des großen Baukrans bedienend, versuche ich mit der Linken, die Kippvorrichtung der Abbruchmulde zu betätigen. Leider habe ich meine koordinativen Fähigkeiten überschätzt. So kommt, was kommen muss: Der zwei Tonnen schwere Bauschuttkübel steht plötzlich auf dem Boden, mein Zeigefinger der linken Hand liegt dummerweise darunter. Obschon meine linke Hirnhälfte sofort wieder den Befehl zum Hochziehen erteilt, reicht die Zeit aus, um den vorderen Teil des Zeigefingers ziemlich platt zu drücken. Mein nachfolgend aufgeführter Indianertanz, wobei ich das aus vielen Western bekannte Kriegsgeschrei tunlichst zu vermeiden versuchte, führte zu einer tiefen kreisförmigen Furche im durch die längere Bauphase ohnehin schon stark in Mitleidenschaft gezogenen Zierrasen.

Nachdem die ersten Schmerzen abklangen und die kleinen roten Feuerblitze im Hirn langsam kontrollierbar wurden, eile ich ins Haus und greife unverzüglich nach der Schnapsflasche. In einer ersten Phase soll der gebrannte Inhalt jedoch nicht der Schmerzlinderung dienen. Vielmehr versenke ich, im Keller angekommen, zuerst den Zentrierbohrer im gefüllten Schnapsglas, dies lediglich eine Vorsichtsmaßnahme, damit ich mir bei der nun folgenden, „Notoperation" nicht noch eine Blutvergiftung hole. Wie durch Telepathie herbeigerufen, betritt in dem Moment, als ich zur Tat schreite, mein Freund Martin den Werkstattraum. Wir haben vor Jahren zusammen eine Mechaniker-Lehre absolviert und wissen daher genau, was in einem solchen Fall zu geschehen hat. Ich bin nun froh, dass ich den zündroten Nagel über dem bereits dick aufgeschwollenen Zeigefinger nicht selber anbohren muss. Als Martin Nagel und Nagelbett mit hochtourig laufender Bohrmaschine durchbricht, spritzt eine helle Blutfontäne hoch. Augenblicklich lässt der Druck im Finger nach. Der Schnaps im Glas findet zur Desinfektion der Wunde ein zweites Mal Verwendung, und glücklicherweise ist noch genug in der Flasche, damit nach dem Schrecken auch die erhitzten Nerven ein wenig abgekühlt werden können.

Glücklicherweise sind dies die beiden einzigen nennenswerten Vorfälle, und als nach einigen Wochen der Baukran abgebaut wird, hat sich der Finger weitgehend in seine ursprüngliche Form zurückgebildet. Arbeitsausfall resultierte daraus keiner und somit glücklicherweise auch keine Bauverzögerung. Nach Abschluss der Arbeiten erstrahlt unser Haus in neuer Form und neuem Kleid. Wir sind glücklich und stolz auf unser vollbrachtes Werk. Meist gesunde und geschickte Hände sowie Fleiß, verbunden mit viel Schweiß und Durchhaltewillen, haben uns in den letzten eineinhalb Jahren weit über 100.000 Franken eingespart. Ich muss noch erwähnen, dass dieses Vorhaben mit einer zimperlichen Frau und schwierigen Kindern nicht zu realisieren gewesen wäre. Vielmehr packten alle drei immer wieder fleißig mit an.

Pilgertag 16

Sonntag, 26. Juli 2009, Hornillos del Camino–Castrojeriz
Distanz: 21 Kilometer, 301 m aufwärts, 305 abwärts,
6 Stunden unterwegs

Der Reiseführer verspricht eine spirituelle Etappe mit Tiefgang. Somit verlassen wir nach der lauten Nacht der spanischen Quasseler und Schnarcher die Herberge nur allzu gern. Der Kontrollgriff zeigt mir, dass ich sämtliche in die Ohren gestopften Papierfetzen entfernen konnte, obschon ich nach wie vor einen komischen Ohrendruck verspüre. Da ich in der Nacht zuvor beim Einstimmen zum Schnarch-Konzert meine Ohrenstöpsel nicht finden konnte, versuchte ich, mit zusammengedrehten Papierfetzen zu improvisieren – ein mehr oder weniger taugliches Mittel. Überraschenderweise schlief ich, einmal eingenickt, erstaunlich gut, was vermutlich in direktem Zusammenhang mit den angenehmen Raumtemperaturen und dem zu Ehren des Jakobus konsumierten Rotwein stand.

Die Wanderung in den Morgenstunden – zuerst über eine lange Steigung, dann über eine große Ebene zur ersten, für uns notwendigen Zwischenverpflegung – verläuft flott. In Sambol setzen wir uns mit einem Kaffee in den Kuppelraum der Herberge. Wir sind uns wie auch der Reiseführer nicht ganz klar darüber, ob hier die alte Templertradition wieder auflebt oder ein banaler Pantheismus esoterisch überhöht wird. Wichtig ist: Der Kaffee ist trinkbar und zudem noch kostenlos. Die freiwillige Spende wird natürlich gerne entgegengenommen. Beim Abschied bedanken wir uns höflich bei den zum Wohle der Pilger arbeitenden Helfern und freuen uns, immer wieder solche Momente der Gastfreundschaft erleben zu dürfen.

Wir marschieren nun kilometerlang exakt den alten Pilgerweg entlang. Urplötzlich taucht unter uns das Dorf Hontanas auf. In der Bar im Dorfzentrum sind bereits gut zwei Dutzend Pilger mit dem Verzehr mächtiger Bocadillos beschäftigt. Diese Gelegenheit lassen natürlich auch wir nicht ungenutzt verstreichen und setzen uns ebenfalls mit einer frischen Tortilla zu den anderen Gästen. Später führt die Asphaltstraße vorbei am Kloster „San Anton", und was danach folgt, ist wenig spirituell. Obschon wir die alte Burg von Castrojeriz hoch auf dem Hügel von Weitem sehen, ist uns nicht so sehr nach Kultur zumute. Gegen Ende der Etappe wird unser Schritt wieder enorm langsam. Es ist zwar nicht mehr das bekannte Tippeln der Vortage, aber wir haben schlicht keine Kraft mehr für die Vorwärtsbewegung. Da es nun noch enorm heiß ist und der nächste Abschnitt über eine längere Meseta führt, entschließen wir uns, hier zur rasten. Die private Herberge ist sehr alt, aber schön, und wir erhalten sogar ein Kämmerchen für uns allein. Das Doppelstockbett ist sehr wackelig, doch lädt es trotzdem zum Ausruhen ein.

Am Nachmittag schlafen wir dann tief und lange. In Castrojeriz läuft wirklich absolut nichts, und daher entschließen wir uns nach einem kurzen Dorfbummel lediglich noch zu einem feinen Nachtessen im einzigen geöffneten Lokal. Zusammen mit Jack aus Irland teilen wir einen Tisch und erfahren so viel über ein für uns fremdes Land. Einmal mehr spüren wir, dass der Weg enorm verbindend ist. Jack lässt an diesem Abend unglücklicherweise seinen über alles geliebten Sonnenhut am Stuhl hängen. Aufgrund der Tatsache, dass Jack das Lokal vor uns verlassen hat und wir nicht genau wissen, wo er heute übernachtet, entschließen wir uns, seinen Hut mitzunehmen. Da nur wir den Besitzer kennen und das Lokal am Folgetag bis zur Mittagszeit geschlossen hat, werden wir versuchen, Hut und Besitzer möglichst bald wieder zu vereinen.

Der nette Herbergsleiter fährt derweil extra für uns ins Nachbardorf, damit wir Schweizer am Morgen zum Kaffee auch noch Milch bekommen. Glücklich und bereichert mit vielen neuen Eindrücken, schlafen wir noch vor 22.00 Uhr müde und zufrieden ein.

Gedanken zum Tag: Auf spirituelle Ankündigungen kann ich zukünftig problemlos verzichten.

Küchenumbau in eigener Regie

Kathedrale von Astorga

KAPITEL 9
ERFOLG IN FAMILIE, BERUF UND POLITIK

2001–2002 – The radiomen is born

Bald sechzehn Jahre sind seit meiner Krebserkrankung vergangen. Nur noch ganz selten, meist lediglich bei speziellen Ereignissen, erinnere ich mich zurück an die wirklich harte Zeit. Ich bin dankbar zu leben, und ich genieße das Leben in vollen Zügen! Soeben durfte ich ein weiteres Großprojekt abschließen. Gegen den Widerstand der zahlreichen, im ganzen Kanton verteilten Feuerwehr-Alarmzentralen baute das Versicherungsamt zusammen mit der Polizei in unserer Verkehrsleitzentrale in Schafisheim ein neues, großes Alarmsystem auf: viel Überzeugungsarbeit, viel Knochenarbeit. Doch es hat Spaß gemacht und trotz aller Widerstände und der Überzeugung vieler, wir würden scheitern, funktioniert das System. Die kleine, innovative Softwarefirma, die das System mit unserer Hilfe baute, konnte sich gegen ihre großen Konkurrenten durchsetzen. Sie hat viele das Fürchten gelehrt und am Schluss eine bravouröse Arbeit abgegeben. Betreiber und Rettungseinheiten sind zufrieden. Die Zweitgenannten benötigten etwas länger, bis sie dies eingestehen konnten.

Da es sich bei unserem Wohnkanton gemäß Aussagen vieler nur um einen Industrie- und Durchreisekanton handelt, von unseren großen Nachbarn Zürich und Bern nicht selten mit einem spöttischen Lächeln bedacht, ist es nur normal, dass an einem solchen Durchschnittsort bei zunehmendem Verkehrsaufkommen irgendwann und irgendwo auch ein Nadelöhr auftritt. Bei uns soll dies nicht anders sein, und so beginnt sich der Verkehr ab 1996 vor dem Bareggtunnel, morgens im Westen und abends im Osten, täglich zu stauen. Nun wäre dies ja noch nichts

Ungewöhnliches, denn Staus gibt es auf der ganzen Welt, und dies immer wieder. Das Spezielle bei uns ist die Regelmäßigkeit: täglich Stau, oft Unfälle und nicht selten Autoschlangen von fünfzehn Kilometer Länge und Wartezeiten von zwei Stunden und mehr. Die Verantwortlichen unseres Privatradios mit dem wohlklingenden Namen „Argovia" entwickeln einmal mehr den richtigen Riecher und spüren schnell das Informationsbedürfnis ihrer rund 200 000 Zuhörer. Da nicht wenige davon täglich nach Zürich zur Arbeit fahren, ist beinahe das Erste, was sie nach dem Aufstehen erfahren möchten, ob es sich am Baregg schon staut. So erreicht uns die Anfrage nach einer täglichen, morgendlichen Liveberichterstattung nach den Sieben- und den Acht-Uhr-Nachrichten. Live aus der Verkehrsleitzentrale sollen die Radiohörer optimal und aktuell informiert werden. Wir, nicht weltfremd, nehmen den Ball auf, geht es ja auch darum, die Polizeiarbeit in ein gutes Licht zu rücken. Mit unseren unzähligen Monitoren und noch mehr Kameras von unterwegs sind wir laufend bestens informiert, und so kann das Medienabenteuer starten.

Ab sofort wird täglich mindestens zweimal eine Direktverbindung ins Radiostudio hergestellt, und der diensthabende Schichtleiter orientiert die wissbegierige Zuhörerschaft über die aktuelle Lage. Eines haben wir jedoch bei den Vorbereitungen zu wenig bedacht: Es ist nicht jedermanns Sache, eine Livemeldung übers Radio abzusetzen im Bewusstsein, dass auf der anderen Seite ein paar Hunderttausend Leute die Nachricht augenblicklich entgegennehmen. So ist es nur allzu verständlich, dass es wiederholt zu Versprechern, Stottern oder in Stressphasen gar zu Falschmeldungen kommt. Zur Professionalisierung unserer Medientätigkeit entschließen wir uns, dass die Radiomeldungen, wenn immer möglich, durch meinen Chef oder mich abgesetzt werden. Diese Regelung bewährt sich sehr gut, und nach kurzer Zeit haben sich die Radiohörer an unsere Stimmen gewöhnt.

Mit zunehmender Dauer meiner Radiotätigkeit kann es nun gelegentlich vorkommen, dass ich auf offener Straße schräg angeschaut oder gar angesprochen werde, da meine Stimme erkannt wird. Über Monate, ja, gar Jahre hinweg dem Bürger zur selben Zeit über dasselbe frustrierende Problem Informationen zu vermitteln und dabei noch interessant zu bleiben, ist nicht immer ganz einfach. Ich versuche daher die Meldungen anzupassen, wenn möglich, ein wenig auszuschmücken, ab und zu mit einer allgemeinen Mitteilung und guten Tipps zu ergänzen. Ich schließe immer mit demselben Satz: „Direkt aus der Verkehrsleitzentrale Aarau, Korporal Kyburz, für Radio Argovia." Der Medienanstalt bleibt nicht verborgen, dass meine Stimme positiv auffällt, und so werde ich zu einem Interview ins Studio eingeladen – eine neue, nicht unangenehme Erfahrung für mich, die mich auch ein wenig mit Stolz erfüllt. Der Moderator der Montagmorgensendung, Dani Nieth, auch bekannt aus einer Show des deutschen Privatfernsehens, macht sich nun einen Spaß daraus, nach meiner Verkehrsdurchsage jeweils eine persönliche Frage zu stellen. Ganz bewusst versucht er so, dem Polizisten übers Radio ein Gesicht zu geben: „Sie, Herr Kyburz, ich hätte noch eine Frage", lautet jeweils seine Einführung; und was dann folgt, erfordert von mir höchste Konzentration. Seriosität, Spontaneität und Humor sind gefragt. Ein einziges Mal bringt mich Dani in Verlegenheit, als es vom Gegenüber tönt: „Sie, Herr Kyburz, ich hätte noch eine Frage: Haben Sie in jungen Jahren auch einmal gekifft?" Und ebenfalls nur ein einziges Mal erwischt er mich wirklich, als es heißt: „Sie, Herr Kyburz, ich hätte noch eine Frage: Ich werde oft gefragt, wie alt Korporal Kyburz ist oder wie er aussieht. Können Sie nicht einmal ein Bild von sich ins Internet stellen?" Spontan antworte ich, dass dies bereits der Fall sei, und zwar auf meiner persönlichen Familienhomepage. Nun ist der Fisch an der Angel, und Dani Nieth zieht an der Leine, bis er die Adresse www.kybis.ch aus mir herausgekitzelt und bekannt gegeben hat. Was dann folgt, ist nahezu peinlich: Innerhalb der kommenden zwei Stunden dreht Dani meinen Linkzähler von knapp 1 000 auf 10 000 Besuche! Oh weh, da habe ich mir aber etwas eingebrockt! Denn als ich am Abend nach Hause komme, gilt es noch über einhundertfünfzig Mails zu lesen und teilweise auch zu beantworten. Weiter gilt es ab sofort, die Familienhomepage unter www.kybis.ch regelmäßig zu aktualisieren.

Vorsichtig versuche ich in den kommenden Wochen, das Rad ein wenig zurückzudrehen. Meine Vorsprache beim Programmchef der Radioanstalt mit der Bitte, man möge die Live-Verkehrsdurchsagen doch für einige Monate absetzen, wird mit der Begründung abgelehnt, der Radiohörer wünsche am Morgen drei Sachen zwingend zu erfahren: die aktuelle Zeit, das Wetter und – die Live-Verkehrsdurchsage aus der Verkehrsleitzentrale. Diese Radiotätigkeit führt zu einer guten Imageverbesserung der Polizei. Leider höre ich dies immer nur von außerhalb, denn korpsintern findet unsere Tätigkeit nicht nur Zustimmung. Neider outen sich, und aus gewissen Kreisen wird uns gar unprofessionelles Handeln vorgeworfen. Glücklicherweise kann ich mit solcher Kritik gut umgehen und meinen selbst erarbeiteten Erfolg trotzdem genießen.

Erst mit der Eröffnung der dritten Tunnelröhre am Baregg geht meine Radiozeit zu Ende. Ich bin darüber nicht unglücklich, denn wenn mich diese Zeit etwas wirklich gelehrt hat, dann die Erkenntnis bezüglich der Frage, welche Macht die Medien wirklich haben.

Eine kleine, nette Begebenheit in diesem Zusammenhang möchte ich Ihnen, liebe Leser, doch nicht vorenthalten: Spricht mich doch im Beisein meiner Frau ein hübsches, weibliches Gegenüber an und erwähnt, ohne rot zu werden, ich sei der einzige Mann, den sie jeden Morgen ins Schlafzimmer lasse. Zu erwähnen, dass dies nur via Radio erfolge, lässt sie weg, doch ich fasse dies als Kompliment auf, und wir lachen herzlich zusammen.

Pilgertag 17

Montag, 27. Juli 2009, Castrojeriz–Frômista
Distanz: 25 Kilometer, 353 m aufwärts, 414 m abwärts,
7 Stunden 30 Minuten unterwegs

Die beiden älteren Franzosen, die im Nebenraum geschlafen haben, stehen mit uns auf, so müssen wir nicht leise sein und können das Tageswerk zügig in Angriff nehmen. Das bereits bekannte Pilgermorgenessen, bestehend aus Toast, Zwieback, Konfitüre, Orangensaft und Kaffee, wird dankbar entgegengenommen. Kurz nach sechs Uhr, noch bei Dunkelheit, durchqueren wir Castrojeriz in Richtung Dorfausgang. Nach der Überquerung einer großen, kargen Ebene erfolgt der Aufstieg auf ein 950 Meter hohes Plateau. Was wir am Rand dieses flachen Berges nun erleben, ist absolut atemberaubend: Soeben steigt die Sonne hinter den entfernten Hügeln auf, das Licht- und Schattenschauspiel, das sich uns nun über der Meseta bietet, kennen wir sonst nur aus Fotobüchern oder höchstens aus kitschigen Filmen. Dieses Naturschauspiel sowie das an derselben Stelle angebrachte moderne Pilgerdenkmal laden uns zu einer ausgiebigen Pause ein.

Der Abstieg vom bald überquerten Hochplateau wird für Regis geschwollene Füße eine Qual. Jeder Schritt bedeutet Schmerz, lediglich wenn sie mit ganz kleinen Schritten läuft, ist das Marschieren ertragbar. Ihre Schmerzen, die auch in der Ebene kaum nachlassen, werden für mich zu einer Geduldsprobe. Doch ich bin fest entschlossen, diesen Weg Seite an Seite mit meiner starken Partnerin zu gehen, und so erreichen wir, wenn auch etwas gemächlicher, die nächste Raststelle. Eine Horde Pilger, die wir noch nie gesehen haben und die sich an derselben Stelle niederlässt, veranlasst uns nun zum zügigen Aufbruch.

Ursprünglich beabsichtigten wir, am Vortag bis zur „Ermita de San Nicolás" zu laufen. Michael hatte uns diese in Pamplona wärmstens empfohlen. Aufgrund der großen Hitze und unserer Müdigkeit verzichteten wir jedoch schweren Herzens darauf. Als wir nun nach über zwei Stunden Marschzeit die besagte Ermita erreichen, sind wir heilfroh, gestern einen so weisen Entscheid gefällt zu haben, zumal der vorangegangene Marsch auch heute Morgen, ausgeschlafen und ausgeruht, sehr anstrengend war. Die Eremitage, eine mittelalterliche Einsiedelei, steht auf freiem Feld, wurde von einer italienischen Laien-Bruderschaft renoviert und zur Pilgerherberge ausgebaut. Der Empfang ist überaus herzlich, und für einen kurzen Moment erwägen wir, einen Tag hier in der Einsamkeit zu bleiben. Als dann wenig später weitere Pilger den Dienst der Brüder in Anspruch nehmen, entsinnen wir uns der frühen Morgenstunde, satteln den Rucksack und verabschieden uns von diesem besinnlichen Ort.

Nach Boadilla del Camino folgen wir fast eine Stunde dem Canal des Castialla. Das Sumpfgebiet bietet zwar Schatten und spendet Feuchtigkeit, doch dies schätzen nicht nur wir, sondern auch die Mücken. Mein süßes Blut wird ihnen zum wahren Festschmaus. Nicht nur meine unbedeckten Hautstellen präsentieren sich danach furchterregend. Nach einem ausgiebigen Mittagslunch nehmen wir den letzten Abschnitt Richtung Frômista unter unsere geschundenen Füße. Wir marschieren nun deutlich zügiger, doch nun melden sich meine diversen Blasen. Es gilt auf die Zähne zu beißen und mir nichts anmerken zu lassen. In der Albergue Comunal finden wir bereits um halb zwei eine angenehme Unterkunft.

Nach dem Einchecken folgen die herrlich angenehme Dusche, dann das Kleiderwaschen und der Frühschoppen. Von diversen ebenfalls eingetroffenen Weggefährten erfahren wir, dass sie heute Morgen in ihrer Herberge eingeschlossen gewesen seien und diese daher erst um sieben Uhr hätten verlassen können – was es nicht alles gibt auf diesem Weg!

Beim nachfolgenden Apothekenbummel ergänze ich mein Blasenpflaster- und Tape-Reservoir, und für Regis Füße erstehen wir eine kühlende Salbe. Wiederholt erkundigen wir uns über Jacks Verbleib. Leider hat ihn heute niemand gesehen, und so wird sein Schlapphut auch am kommenden Tag meinen Rucksack zieren.

Wider Erwarten erhalten wir in diesem Nest ein vorzügliches Pilgermenü. Dabei leisten uns Vaslev aus Tschechien und Regina aus Österreich Gesellschaft. Die Gegensätze könnten größer nicht sein: Vaslev, der ruhige, besonnene, über alles nachdenkende typische Pilger – Regina, ein unruhiges, nervöses Energiebündel, das beabsichtigt, die verbleibenden knapp vierhundertfünfzig Kilometer in lediglich zwölf Tagen zu absolvieren. Dies wohlverstanden mit Gepäck! Regina erhält von uns aus diesem Grund den Spitznamen „Speedy, die Sprinterpilgerin".

Die folgende Nacht wird für mich trotz großer Müdigkeit einfach nur zum Albtraum. Alle sechzehn Doppelstockbetten sind belegt. Ich liege wieder einmal oben, direkt unter der Decke. Die Luft ist stickig, und es stinkt fürchterlich. Zu allem Übel veranstalten Paul aus England und Tom aus Kalifornien einen Schnarch-Wettkampf der höchsten Güteklasse. Obschon die Ohrstöpsel tief sitzen, gibt es diese Nacht nicht viel Schlaf!

Gedanken des Tages: Wer Lust hat, kann den Jakobsweg auch joggen!

2001–2003 – Die Mitte des Lebens

Ich bin vierzig. Bin ich alt oder jung? Ich bin einfach vierzig. Wie schon beim dreißigsten Geburtstag schmerzt auch dieser Geburtstag gewaltig. Daran können auch die vielen Gäste, das feine „Risotto Ticinese" aus der Gulaschkanone und das traurig dreinblickende Spanferkel nichts ändern. Da heißt es immer, die Frauen hätten Mühe mit Geburtstagen. Weit gefehlt! An Regi gehen solche Tage spurlos vorbei, mir werden da zentnerweise Steine auf die Schultern gepackt. Aber ist das wirklich wahr? Sind es nicht einfach nur meine Gedanken, die mich im Moment wieder belasten? Nein, es steht doch Schwarz auf Weiß vor mir: „Wir gratulieren dir zum 40. Geburtstag." Doch wo liegt das wirkliche Problem? Ich bin das Problem, bekunde ich doch ganz einfach Mühe, älter zu werden – mein harter Kopf bedarf einer gehörigen Kur!

Nun stehe ich also in voller Blüte in der Mitte des Lebens. Beide Jungs haben den Sprung in die Oberstufe geschafft, Regi findet eine doppelte Herausforderung als berufstätige Hausfrau, und ich habe einen interessanten Beruf und kann mich politisch ausleben. Absolut keine Gründe, Undankbarkeit zu empfinden. Trotz nach wie vor überschäumender Kraft und ungebremstem Aktivismus frage ich mich manchmal, ob ich das Leben richtig lebe. Verbringe ich genug Zeit mit der Familie, mit Verwandten,

Freunden und Kollegen? Stehe ich den Menschen oder dem Materiellen näher? Diese Frage im Moment abschließend zu beantworten, fällt mir schwer. Doch eines weiß ich ganz genau:

Ich will jedem Augenblick einen Sinn geben,
will diesen auskosten und so intensiv leben wie nur möglich.
Ich will jeder Stunde einen Sinn geben,
will diese Stunde nützen, sowohl für mich als auch für andere.
Ich will jedem Tag einen Sinn geben,
ich will ihn spüren, in schätzen und
verantwortungsvoll damit umgehen.

Sind solche Gedanken auf meinen Weg als Krebskranker zurückzuführen? Verspüre ich in der Gewissheit, dass mein Aufenthalt auf diesem schönen Planeten nicht von unbeschränkter Dauer ist, den Drang, das Leben intensiv auszukosten? Auch diese Frage bleibt vorerst unbeantwortet.

Pilgertag 18

Dienstag, 28. Juli 2009, Frômista–Carriôn de los Condes
21 Kilometer, 140 m aufwärts, 126 m abwärts,
5 Stunden 30 Minuten unterwegs

Trotz miserabler Nacht sind wir schnell auf den Beinen. Die Salbe an Regis Füßen hat Wunder bewirkt, läuft sie doch fast schmerzfrei und sehr zügig. Unmittelbar nach dem Start schließt Andreas aus Lyss zu uns auf. Er ist Pilgerneuling und gestern mit dem Bus eingetroffen. Andreas nimmt von uns alten Pilgerhasen gerne ein paar gute Tipps entgegen und ist froh, nicht alleine laufen zu müssen. Wir weichen von unserer Gewohnheit, alleine zu laufen, ab und verstricken uns in ein unterhaltsames Gespräch mit ihm.

Wir kommen heute Morgen wirklich sehr zügig voran, und ohne dies zu bemerken, sind wir bereits bei Kilometer zehn angelangt. Milchkaffee zur Stärkung wird erworben in einer Bar, geführt von einer Österreicherin. Was, schon wieder Österreicher? Im nachfolgenden Dorf mit der wohlklingenden Bezeichnung „Villarmentero de Campos" besuchen wir eine schlichte Pilgerkirche. Wie vielerorts in solchen Gotteshäusern, erhalten wir hier einen Stempel in unsere Credencial, die „Beglaubigung", also den Pilgerausweis. Damit lässt sich am Ende unserer Pilgerschaft beweisen, dass wir auch wirklich unterwegs waren! Zwei Kinder nicken höflich, als wir ihnen unsere Pilgerausweise hinstrecken. Oftmals sind es jedoch alte Dorfbewohner, die mit dem auf diese Weise erhaltenen freiwilligen Obolus ihr schlichtes Einkommen ein wenig aufbessern.

Weitere fünf Kilometer später folgt ein Verpflegungsstopp. Die Strecke verlief bis anhin absolut flach, und wir kamen schnell voran. Es herrscht somit keine Eile, ist doch das Tagesziel nur noch läppische fünf Kilometer entfernt, und es ist erst morgens um zehn Uhr! Also gilt es die Schuhe auszuziehen, die Füße in die Sonne strecken, sich zurückzulehnen und den Tag zu genießen.

Auf den letzten fünf Tageskilometern haben es die Spanier etwas übertrieben: Der Weg läuft schnurgerade entlang der Straße, und alle hundert Meter ist ein großer Markstein mit eingelassener blauer Jakobsmuschel, dem Zeichen, dass wir uns auf dem richtigen Weg befinden, aufgestellt. Welcher Gemeindepräsident hat sich hier ein Denkmal gesetzt?

Kurz vor Carrion de los Condes hören wir plötzlich Gitarrenklänge und Gesang. Mitten auf dem Weg empfängt uns die örtliche Jugendgruppe zusammen mit ihrem Padre. Beim Verteilen von Süßigkeiten weisen sie uns darauf hin, sie träten am Abend auch im Pilgergottesdienst in der Kirche auf. So empfangen, gelingt der Einmarsch ins Städtchen natürlich doppelt gut. Obschon uns das Kloster „Santa Clara" im Pilgerführer als schmuddelige Herberge nicht gerade empfohlen wird, beabsichtigen wir doch, in diesen heiligen Mauern zu übernachten. Der Empfang fällt überdurchschnittlich herzlich aus. Wir werden die enge Treppe hoch zu den Unterkünften geführt und können unser Glück kaum fassen, als uns der Begleiter ein Zweibettzimmer, eine eigene Klause, zuteilt. Das Zimmer ist klein und doch geräumig, und die über einen Meter dicken Mauern verhelfen zu einem kühlen, angenehmen Raumklima. So gebettet, lassen wir uns von einem ausgiebigen Mittagsschlaf nicht abhalten, wobei mir kurz vor dem Einschlafen auffällt, dass ich heute erstmals seit Tagen nahezu ohne Schmerzen unterwegs war!

Am Abend aktiviere ich das Handy und telefoniere vor dem Besuch des Ortes noch kurz mit meiner Schwester. Sie freut sich außerordentlich, hat sie doch nicht mit dem Anruf ihres so weit entfernten Bruders gerechnet. Auch die Gratulationswünsche zum fünfzigsten Geburtstag nimmt sie von mir gerne entgegen.

Heute besuchen wir wieder einmal die Pilgermesse und sind beim Betreten der Kirche erstaunt, dass abends um sieben so viele Leute das Gotteshaus aufsuchen. Der für katholische Verhältnisse eher schlicht gehaltene Bau entspricht mir sehr, und die bunte Besucherschar, zusammengesetzt aus Einheimischen und Pilgern aus allen Nationen, verleiht dem Anlass einen mehr als würdigen Rahmen. Der ältere, aufgeweckte Pfarrer beherrscht „das Spiel mit dem Publikum" ausgezeichnet. Er schließt uns immer in seine Worte mit ein, wechselt die Sprachen und gibt uns klar zu verstehen, dass der Schöpfer keine Rassentrennung kenne! Hoppla – diese Weltoffenheit in einer abgelegenen Ortschaft im Norden Spaniens?

Plötzlich schauen Regi und ich uns erstaunt an: Sitzt dort, einige Reihen vor uns, nicht Giovanni aus Italien? Sollte der nach seinem Fahrplan nicht längst in Santiago sein? Und tatsächlich: Beim Verlassen der Kirche kommt es zur herzlichen Umarmung wie mit einem alten Bekannten, und gespannt lauschen wir Giovannis Geschichte: Anfänglich hatte sein Vorhaben, vierzig und mehr Kilometer pro Tag zurückzulegen, prima geklappt. Blasen bremsten dann jedoch seinen Lauf, doch trotz blutigen Füßen marschierte er weiter. Erst, als er seine Schuhe kaum mehr selber ausziehen konnte, begab sich der junge Italiener zum Arzt, was eine sofortige Spitaleinlieferung zur Folge hatte. Während dreier Tage wurden Giovannis geschundene Füße behandelt, bevor er mit mahnenden Worten entlassen wurde. Giovanni läuft nun in kürzeren Etappen, mit Sandalen an den Füßen, in Richtung Santiago weiter. Von seinem Vorhaben lässt er sich nicht abhalten; nur dass er nun seine gesamten zur Verfügung stehenden sechs Wochen für den Weg einsetzt, seine Freundin den Badeurlaub mit ihm streichen muss und wohl oder übel zu Hause bleibt. Als uns Giovanni noch seine entblößten Füße zeigt, erschreckt er uns gewaltig. Ich bin sehr erstaunt, dass er auf diesen zum Teil offenen, zum Teil blutigen, zum Teil vernarbten Fleischklumpen überhaupt gehen kann. Giovanni lächelt bei unseren überraschten Gesichtern leicht traurig. Es sei an dieser Stelle vorweggenommen: Giovanni erreichte zur gleichen Zeit wie wir Santiago und wurde mit Gewissheit aller Sünden enthoben …

Giovannis Schicksal ist kein Einzelfall. Leider überschätzen sich viele Pilger. Zu große Tagesetappen führen zur Übermüdung der Gelenke und zur Überreizung der Sehnen. Längere Stopps oder gar der Abbruch des Vorhabens sind meist die Folge. Wir wurden auf dem Weg Zeugen diverser Spitaleinlieferungen, wobei interessant war zu erfahren, dass einige Spitäler die Pilger sogar gratis behandelten. Es gibt den Dienst am Menschen doch noch!

Gedanken des Tages: Wer langsam geht, kommt auch ans Ziel. Diese Tatsache hat nicht nur für uns, sondern auch für Giovanni absolute Gültigkeit.

Was mag uns diese spezielle Wegmarkierung wohl erzählen?

Militärradrennen St. Gallen – Zürich
Mit Nachbar Urs
Leichte Verletzungen nach einem schweren Sturz bei der Abfahrt.

KAPITEL 10
DER DRUCK NIMMT ZU

2004–2005 – Velotour mit Beni

Meine Söhne werden älter und älter, doch die Veränderung geht zum Teil unbemerkt an mir vorbei. Mit vierzehn Jahren ist aus dem bei der Geburt nur 1 980 Gramm leichten Benjamin ein richtiger Beni geworden: lebensfreudig, sportlich, meist höflich und leicht pubertierend. Um einige meiner Versäumnisse nachzuholen, entscheiden wir uns im Frühjahr gemeinsam zu einer größeren Velotour. Im Sommer wollen wir durch Genf in einigen wenigen Tagen ans Mittelmeer fahren. Sofort schreiten wir zu Tat und kaufen für Beni ein günstiges, gebrauchtes Rennrad. Wir starten mit vierzig bis fünfzig Kilometer langen Trainingseinheiten, wobei wir uns stets ein wenig steigern. Der Zeitplan ist gut, und so wagen wir rund einen Monat vor dem beabsichtigten Abenteuer an einem sonnigen Sonntagmorgen den Start zur Hauptprobe. Die Fahrräder werden mit dem ungefähren Reisegewicht bestückt, und schon sind wir unterwegs über den Böhler und weiter in Richtung Luzern. Die Hauptprobe gelingt, die über 120 Kilometer schaffen wir ohne größere Verschleißerscheinungen und mit sehr viel Freude am Geleisteten. Unterwegs ist es uns gar gelungen, trotz körperlichen Anstrengungen einige gute Diskussionen zu führen.

Kurz nach Beginn der Schulferien geht es los: Am ersten Abend übernachten wir am Bielersee, und bereits am Tag darauf rollen wir gemütlich dem Genfer See entlang. Im Bewusstsein, dass die harten Etappen noch folgen, genießen wir die sportliche Betätigung im mehrheitlich flachen Gelände. In den Pausen führen wir die typischen Vater-Sohn- Gespräche, und ich spüre, dass da großer Nachholbedarf besteht. Die erste Bewährungsprobe folgt am dritten Tag: Die Steigungen Richtung Annecy setzen uns so richtig zu, doch oben angekommen, bin ich enorm stolz auf meinen Sohn und lasse ihn dies auch deutlich spüren. Ab der Olympiastadt Albertville folgen wir über eine längere Strecke dem Val d' Isère. Das Pièce de Résistance folgt ab Grenoble, beabsichtigen wir doch die Alpen über Villars-de-Lens zu überqueren. Am Fuß des Berges beeindruckt uns die weit oben gesichtete Straße mächtig. Wir entscheiden uns für eine stärkende Mahlzeit, vertilgen aber aufgrund der nervösen Mägen nicht einmal die Hälfte der vor uns liegenden Spaghetti. Obschon der Wirtin die Enttäuschung ins Gesicht geschrieben steht, bringen wir keinen Bissen mehr herunter und besteigen stattdessen wieder flott unsere fahrbaren Untersätze. Kurve für Kurve schrauben wir uns entlang der Bergflanke in die Höhe. Beni pedalt unermüdlich, hat er doch nicht nur sein Gewicht und dasjenige des Fahrrades, sondern auch noch das Gepäck den Berg hochzuhieven. Glücklicherweise hält der platte Reifen, den wir kurz zuvor in Grenoble noch hatten flicken müssen, und so erreichen wir überraschend frisch die Passhöhe. Die folgenden drei Tage führen uns durchs Rhonetal über Avignon in die Camargue, wo wir von Regi und Michi bereits erwartet werden. Die Tour bringt mir Beni näher, und ich denke, dass wir hier ein bleibendes Erlebnis genießen durften.

Zum Ende der Ferien erfüllen sich Beni und ich noch einen still gehegten Traum. In aller Morgenfrühe steigen wir erneut aufs Rennvelo, diesmal ohne Gepäck, um gemeinsam den durch die Tour de France legendär gewordenen Col de Mont Ventoux zu erklimmen. Die erste Hinweistafel ermutigt mich nicht gerade, zeigt sie doch für die nächsten Kilometer eine Durchschnittssteigung von zwölf Prozent an. Vorsichtshalber verschweige ich dies Beni, denn der hat in den ersten Steigungen bereits arg zu kämpfen. Auch die Erkenntnis, dass an den Kilometersteinen jeweils auf die Steigungsprozente des kommenden Kilometers hingewiesen wird, behalte ich wohlweislich für mich. Beni kämpft mit sich und den Tücken der Natur – verbissen wie ein Mann. Als er auch den Kilometer mit achtzehn Steigungsprozent bewältigt, beginne ich daran zu glauben, dass wir es schaffen können. Wir werden überholt und überholen auch andere Hobbyfahrer. Teilweise liegen diese wie tote Fliegen am Straßenrand und halten die Beine in die Höhe. Als wir die Waldgrenze beim Chalet Renard erreichen, gesteht mir Beni, dass für ihn hier wohl Schluss sei. Der Blick nach oben über das weiße Geröllband bis hin zum Gipfel lässt für die letzten sieben Kilometer tatsächlich nicht viel Erholungspotenzial erahnen.

Glücklicherweise warten hier Regi und Michi, die den Pass mit dem Auto erklommen haben, mit einer kräftigenden Verpflegung. Nach einer ausgiebigen Pause benötige ich dann nicht viel Überredungskunst, damit Beni sich wieder aufs Rennrad schwingt. Als wir etwas mehr als eine Stunde später gemeinsam den Gipfel erreichen, überwältigt uns ein lange nicht mehr gekanntes Glücksgefühl, und die Adrenalin-Ausschüttung lässt uns taumeln. Ab sofort weiß ich, dass mein zäher Junge in Zukunft keine Hürden mehr fürchten muss. Am Willen soll es jedenfalls nicht liegen. Die Vater-Sohn-Beziehung auf solche Weise zu festigen, kann ich im Übrigen mit gutem Gewissen weiterempfehlen.

Pilgertag 19

Mittwoch, 29. Juli 2009, Carriõn de los Condes–Terradillos de los Templarios
Distanz: 27 Kilometer, 174 m aufwärts, 169 abwärts,
7 h 30 min unterwegs

Tagwache für mich ist wie üblich um fünf Uhr in der Früh. Ausgeruht und ausgeschlafen schälen wir uns in die Wanderkleider. Wir sind bei Weitem nicht die ersten, denn einige tummeln sich um halb sechs bereits im Speiseraum, andere sind sicher schon auf dem Weg. Da der Kaffeeautomat streikt, begnügen wir uns mit trockenen Keksen und Joghurt. Im Städtchen stellen wir verwundert fest, dass gleich mehrere Bars zur frühen Morgenstunde die Pilger mit Milchkaffee versorgen, obschon man uns am Vorabend versichert hatte, diese Lokalitäten öffneten keinesfalls vor halb sieben.

Unfassbar, wie viele Pilger hier übernachtet haben müssen und nun gemeinsam mit uns Carriôn de los Condes verlassen! Unser Gang ist gemächlich, die Gedanken weit weg, und doch erreichen wir nach neun Kilometern bald eine erste Verpflegungsstelle. Obschon der Kaffee ungenießbar ist, verhelfen uns Brot und Käse zu den dringend benötigten Kalorien. Der zweite Teil der siebzehn Kilometer langen, öden Strecke führt dann zu einer Reifeprüfung. Die Schritte werden kleiner und kleiner, und ich habe das Gefühl, wir würden am Schluss noch vom „Seniorenverein Hinterhausen" überholt. Und doch sind wir urplötzlich am Etappenort. Für mich wird immer deutlicher erkennbar, was der Weg mich lehren will: „Geh langsam, genieß den Weg, du musst niemandem etwas beweisen und kommst trotzdem vorwärts!"

In der schönen Herberge teilen wir uns ein Zimmer mit Andreas; und was dann folgt, haut uns buchstäblich fast aus den Socken: Als Andreas beginnt, seinen Rucksack auszupacken, den er im Übrigen von seiner Tochter ausgeliehen hat, kommen da mehrere Paar schwerer Bluejeans und eine große Menge überzähliger Kleidungsstücke und unnötiger Ballast zum Vorschein. Andreas beichtet uns dann etwas kleinlaut, seine Frau habe ihm mangels Vorbereitungszeit vor der Abreise beim Packen geholfen. Er entschließt sich dann, am kommenden Tag in einen größeren Ort zu gehen, um von dort ein Paket mit seiner überflüssigen Habschaft nach Hause zu schicken. Wie wir später erfahren, erreicht auch Andreas pünktlich Santiago, nicht jedoch ohne einen unfreiwilligen Zwischenhalt in einem Spital, wo ihm der große Zehennagel entfernt werden musste. Aufgrund dieses Vorfalles legte er danach vernünftigerweise einige Etappen mit dem Bus zurück.

Das Nachtessen und den Ausklang dieses Abends genießen wir auf der Dachterrasse der schönen Herberge zusammen mit

Andreas sowie Franz und Edith aus Österreich. Der Croupier und seine Frau kommen aus Linz und sind uns unterwegs bereits aufgefallen, insbesondere dadurch, dass er meist einige Hundert Meter vor ihr läuft und ab und zu seinen Gelenken eine ausgiebige Dehnungseinheit schenkt. Die beiden sind bereits in den Vorjahren auf dem Jakobsweg gepilgert, und dies von Linz quer durch Österreich, die Schweiz und Frankreich. Welch eine Leistung! da können wir nur den Hut ziehen. Bei ihrer Ankunft in Santiago werden Franz und Edith über 3 000 Marschkilometer zurückgelegt haben. Alle wissen nun etwas zu erzählen, und der Abend wird spannend und lang. Es tut uns jetzt schon leid, dass wir uns morgen von Andreas verabschieden müssen. Je mehr sich der Abend dem Ende entgegen neigt, umso ruhiger wird auch Andreas. Wir spüren, dass er sich ganz gut an uns gewöhnt hat und der alleinige morgige Gang für ihn kein einfacher wird.

Auch das ist der Jakobsweg: Täglich warten neue Prüfungen, und täglich gilt es innere Barrieren zu überwinden.

Gedanken des Tages: Die Gemeinschaft tut gut, doch die Stille darf dabei nicht zu kurz kommen.

2004–2005 – Glück

Ich empfinde ein enormes Glück, hier zu sein; Dankbarkeit, meine Lieben täglich um mich zu wissen; Freude an der Natur, Freude am Leben.

Und doch treibt mich eine innere Kraft immer weiter, immer vorwärts und insbesondere immer höher. Es ist nicht der Reichtum, der mich lockt. Nur, was ist es dann? Ist es der Geschmack des Erfolgs, der sich so süßlich in meinem Körper ausbreitet? Ist es „das Gebrauchtwerden", das mich zu immer neuen Höchstleistungen anstachelt, oder ist es gar das angenehme Gefühl der Macht, das mich so langsam überwältigt?

Sehe ich die Gefahr, die überall lauert: Höchstgeschwindigkeit beim Essen, Überdruck bei der Arbeit, nur wenige Momente zum Bleiben, nur einen Augenblick zum Zuhören. Im Schnellgang zur nächsten Sitzung, Effizienz und Einschränkung fordernd, kurze Verabschiedung, schnell ein paar Nachrichten, Planungen während des Zuhörens? Ist das wirklich mein Leben? Sieht so das gesuchte Glück aus? Was mache ich bloß mit der mir geschenkten Zeit? Ich stecke mitten drin im Strudel der Zeit und bin bereit, das Tempo zu halten. Doch bin ich auch bereit, allfällige Konsequenzen zu tragen? Konsequenzen – welche denn? Ich fühle mich gut, habe Kraft und bin stark. Was soll mich erschüttern? Ich brauche den Rausch des Erfolgs, lechze nach täglicher Höchstleistung und liebe das Gefühl der Macht.

Führt dies alles zum Glücksgefühl, das ich ab und zu empfinde – bin ich überhaupt dieser Mensch?

Dreht sich das Rad der Welt zu schnell? Wieso werden so viele Leute krank? Dreht das Rad sich für mich zu schnell? Klare Frage: Dreht sich die Welt zu schnell – oder können wir Menschen einfach nicht schnell genug rennen? Was machen wir falsch, was mache ich falsch?

Und doch, trotz all der kritischen Gedanken, empfinde ich Glück und bin glücklich!

Pilgertag 20

Donnerstag, 30. Juli 2009,
Terradillos de los Templarios–El Burgo Ranero
Distanz: 32 Kilometer, 349 m aufwärts, 347 m abwärts,
8 Stunden 30 Minuten unterwegs

Beim Verlassen der Herberge in den frühen Morgenstunden umgibt uns große Dunkelheit. Obschon für heute lediglich vierundzwanzig Marschkilometer geplant sind, legen wir die ersten sieben Kilometer im Tiefflug zurück. Bis Sahagun laufen wir dann mit Franz und Edith. Es zeigt sich, dass auch sie sich auf einem interessanten Weg befinden. Edith kennt als Sozialtherapeutin auch die dunklen Seiten des Menschseins. Nach einem Kaffeehalt in Sahagun laufen wir ohne Absprache gemeinsam weiter. Das heißt: Franz und ich voraus, die Frauen hinterdrein. Franz und ich unterhalten uns prächtig, Gesundheit und Körpersprache sind unsere Hauptthemen. So ist es auch sehr verständlich, dass wir unser ursprüngliches Etappenziel, Bercianos del Real Camino, bereits vor 12.00 Uhr erreichen. Nach einer feinen Zwischenverpflegung beschließen wir gemeinsam, noch eine Kurzetappe anzuhängen. Bis El Burgo Ranero bilden wir nochmals die gleichen Marschgruppen. Wir Herren legen flott vor, und die Damen folgen in nicht minder zackigem Schritt. So verrät uns die Karte am Nachmittag, dass wir, ohne es zu merken, heute erneut zweiunddreißig Kilometer im Pilgerschritt zurückgelegt haben.

Inspiriert durch unsere Leistung, gönnen wir uns zur Abwechslung vor der Dusche ein Bier, was prompt dazu führt, dass wir danach mit kaltem Wasser duschen. Was soll's? Beim kalten Bier haben wir auch nicht gemeckert. Nach der Tageswäsche beabsichtigen wir im schönen alten Lehmhaus des Städtchens, das uns an eine Westernstadt erinnert, unseren Gliedern beim Gesundheitsschlaf ein wenig Erholung zu gönnen. Die Dorfjugend feiert Party, Schalldämpfer scheinen hier an den Motorrädern nicht notwendig zu sein, und so sitzen wir schneller als erwartet wieder im Restaurant. Das Pilgermenü für neun Euro schmeckt hervorragend, und da zudem auch der Wein keine Wünsche offen lässt, gehen an diesem Abend die streunenden Katzen leer aus.

Kurz vor Beendigung des Mahls stoppt neben unserem Tisch ein älterer Mann mit klapprigem Fahrrad. Aufgrund unserer Kommunikation geht er davon aus, wir seien Deutsche. Unsere Widerrede lässt er nicht gelten und beginnt in gebrochenem Deutsch, jedoch gut verständlich, zu erzählen. Er sei hier seit zwanzig Jahren der Dorfpriester, habe aber zuvor einige Jahre in Deutschland verbracht, weiß er zu berichten. Er habe die Deutschen lieb gewonnen und wolle uns Pilgern daher eine Geschichte mit auf den Weg geben. Kaum ausgesprochen, drückt er uns einen Zettel in die Hand, fein säuberlich beschriftet mit:

„Gute Pilgerschaft! Jesus Calvo (Priester)"
Nach einer freundlichen Verabschiedung radelt er zufrieden davon. Auf der Rückseite des Blattes findet sich folgender Text:

WEG
Staub, Schlamm, Sonne und Regen,
das ist der Weg nach Santiago.
Tausende von Pilgern
und mehr als tausend Jahre.
Wer ruft dich, Pilger?
Welch geheime Macht lockt dich an?
Weder ist es der Sternenhimmel,
noch sind es die großen Kathedralen;
weder die Tapferkeit Navarras
noch der Rioja-Wein;
nicht die Meeresfrüchte Galiziens
und auch nicht die Felder Kastiliens.
Pilger, wer ruft dich?
Welch geheime Macht lockt dich an?
Weder sind es die Leute unterwegs,
noch sind es die ländlichen Traditionen;
weder Kultur und Geschichte
noch der Hahn Santo Domingos.
Nicht der Palast von Gaudi
und nicht das Schloss Ponferradas.
All dies sehe ich im Vorbeigehen,
und dies zu sehen, ist ein Genuss.
Doch die Stimme, die mich ruft,
fühle ich viel tiefer in mir.
Die Kraft, die mich vorantreibt,
die Macht, die mich anlockt,
auch ich kann sie mir nicht erklären.
Dies kann allein nur ER dort oben.

Und wieder hielt der Jakobsweg eine spezielle Begegnung für uns bereit.

Später marschieren wir noch zum See, um gemeinsam mit anderen Pilgern den Sonnenuntergang zu bewundern. „See" ist ein wenig übertrieben, ist doch bei uns fast jede Pfütze größer, nur steht bei uns nicht mittendrin ein Apfelbaum. Der Sonnenuntergang und die von der Herbergsleiterin erzählte Sage von den Fröschen werden dann jedoch erneut zu einem eindrücklichen Erlebnis. Dank Zapfen in den Ohren ist danach weder das Schnarchen der Zimmergenossen noch der Lärm der Dorfjugend störend. Nicht vergessen möchte ich an dieser Stelle die Gutenachtgeschichte von „Brigitta 35". Diesen Namen gaben nicht wir ihr, sondern sie sich selber. Die 35 nach dem Namen der Brigitta aus dem Ruhrgebiet bezieht sich nicht etwa auf ihr Alter, nein, dies ist der Jahrgang der rüstigen Pilgerin!

Gedanken des Tages: Unterwegs mit offenen Augen und Ohren, wirst du jeden Tag von Neuem überrascht.

Innenhof des Monasterio de Santa Clara

Mit meinem Sohn Beni im harten Aufstieg zum Mont Ventoux

KAPITEL 11
DER KÖRPER BAUT AB

2005–2006 – Stress im Beruf

Ich habe eine weitere berufliche Veränderung angenommen und arbeite nun seit 2004 in der kriminalpolizeilichen Einsatzzentrale in Aarau. Als Stellvertreter meines Chefs Edi erhalte ich die Möglichkeit, viel Neues und Spannendes zu lernen. Es ist nicht immer leicht, die Zeit ist hektisch, doch die Tätigkeit spannend und interessant. Unsere Mitarbeitenden – Polizisten und zivile Polizeiangestellte – stehen täglich unter enormem Druck und sehen sich neuen Herausforderungen gegenüber, doch sie verrichten einen tollen Job. Bei Notrufen stets von Neuem präsent zu sein, Anrufer zu beraten, Frustrierte zu beruhigen, wirkliche Notfälle von Hysterie zu unterscheiden, die richtigen Aufgebote zu erlassen, nicht mit einer zu kleinen, doch auch nicht mit einer zu großen Kelle anrichten, immer das Richtige zu sagen und nie etwas zu vergessen, bedeutet große geistige Flexibilität. Ich mag die Arbeit mit meinen Leuten und bin meist stolz auf ihre Leistungen. Schade nur, dass die Korpsleitung dies nur selten sieht – und wenn doch, dann meist auch nur dann, wenn Fehler passiert sind. Doch Fehler passieren nun mal in dieser hektischen Zeit.

Da ich nach wie vor die Medienarbeit mag, werde ich seit meinem Stellenwechsel auch noch als Aushilfsmediensprecher eingesetzt. Mindestens an einem Wochenende pro Monat bedeutet dies Doppelbelastung: einerseits Einsatzleiter am Einsatzpult, andererseits Mediensprecher für das gesamte Korps. Mehr schlecht als recht informiert, versorge ich somit an den Wochenenden die Print-, Sprach- und Bildmedien auch noch mit Berichten, Interviews und Bildmaterial. Glücklicherweise mache ich dies immer noch sehr gerne. Nur so ist es möglich, der

Doppelbelastung überhaupt standzuhalten. Erschwerend kommt hinzu, dass demnächst mein Chef pensioniert wird und ich als möglicher Nachfolger bei größeren Ereignissen fortlaufend unter Beobachtung stehe. Ich will also meine Arbeit gut erledigen, will zeigen, dass ich dem Druck standhalte, und erhebe nur Einspruch, wenn es um das Wohl meiner Mitarbeitenden geht. Ungerechtigkeiten kann ich auf den Tod nicht ausstehen.

Gleichzeitig werden auch die politischen Ämter nicht weniger. Mit zunehmender Erfahrung werden die Aufgaben komplexer. Aus Freundschaft und Ehrgeiz leite ich den Wahlkampf unseres Regierungsratskandidaten. Zudem bin ich jetzt auch noch Mitglied der Finanz- und Geschäftsprüfungs-Kommission sowie diverser Bau- und Begleitkommissionen. Wer jetzt denkt, dass da zwei Saläre zusammenkämen, liegt weit daneben. In der Schweiz erfolgt die politische Arbeit meist auf freiwilliger Basis, und die ausbezahlten Sitzungsgelder reichen kaum für das Bier und die Pizza danach. Ende 2006 werde ich zudem als Vizepräsident des Einwohnerrates gewählt, diesem Amt wird in den Jahren 2009–2010 das Präsidium folgen.

Die Kids entwickeln sich prächtig – kaum zu glauben, gelingt es mir doch nur noch selten, mich um sie zu kümmern. Nun steht jedoch die Berufswahl vor der Tür. Da ist natürlich auch Papa gefordert. In längeren Diskussionen erörtern wir, was wünschenswert und was möglich ist. Welch Wunder: Trotz der schwierigen Zeit finden beide relativ schnell eine Lehrstelle in ihren angestrebten Wunschberufen.

Nach und nach wird für mich jedoch die Luft dünner. Vierzehn bis sechzehn Arbeitsstunden pro Tag reichen manchmal für all die Tätigkeiten nicht mehr aus. Meist verbringe ich die ersten Ferientage im Bett, und auch die Feiertage sind nicht selten für körperliche Erholung reserviert. Diese Nebengeräusche überhöre ich mit der gleichen Akribie, mit der ich meinen Tätigkeiten nachgehe. Mahnende Worte meiner Frau schiebe ich ebenfalls zur Seite, stecke ich doch mitten im „besten Alter", bin in der „Blütezeit meines Schaffens" und daher kaum zu bremsen.

Pilgertag 21

Freitag, 31. Juli 2009, El Burgo Raniere–Puente Villarente
Distanz: 25 Kilometer, 141 m aufwärts, 216 m abwärts,
6 Stunden 30 Minuten unterwegs

Am Morgen ist die Welt noch in Ordnung, und so starten wir 6.15 Uhr, nachdem wir filetierte Früchte, Joghurt und Milchkaffee zu uns genommen haben, serviert von Franz, gut gelaunt und erwartungsvoll in den neuen Tag. Die ersten vierzehn Kilometer führen durch eine totale Einöde, immer direkt entlang der Straße: keine Bar, kein Haus, keine Toilette, nur kleine Bäume. Vierzehn Kilometer, und alle zehn Meter haben die lieben Spanier einen Baum gepflanzt, unfassbar. Leider sind die Bäume noch zu klein, um richtig schön Schatten zu spenden, doch vorerst gibt es nichts zu beanstanden: Die Luft ist noch frisch, und die Temperatur ist angenehm. Bestes Marschwetter.

Eingangs des Ortes Religos erblicken wir aus größerer Entfernung farbige Stühle. Schon läuft uns das Wasser im Mund zusammen. In einer alten, halb zerfallenen Garage hat doch tatsächlich jemand einen schönen Pilgerstopp eingerichtet. Was nun folgt, sucht seinesgleichen: ein großes Stück Tortilla aus frischen Eiern, Brot, Milchkaffee und Orangenjus und dazu noch warme, pflückfrische Pflaumen. Toilettenbenutzung ist inbegriffen. Das ganze Menü für satte 2,– Euro! Da kommt mir doch unweigerlich folgende Begebenheit in den Sinn:

Ein hungriger Pilger kam in ein Dorf und fragte im ersten Bauernhaus nach einem Stück Brot. Leider wurde er unfreundlich abgewiesen. Im zweiten und im dritten Haus erlebte er das Gleiche. Da besorgte sich der Pilger einen leeren Blechkessel, stellte diesen über sein Feuer und füllte ihn mit Wasser und ein paar Steinen. Neugierig kamen die Leute aus ihren Häusern und fragten ihn, was er da mache. „Steinsuppe kochen", erwiderte der Pilger. „Es fehlen lediglich ein Kohlkopf, eine Handvoll Kartoffeln und ein paar Rüben." Eiligst begaben sich die Frauen in ihre Häuser und brachten die fehlenden Zutaten. Nach einiger

Zeit probierte der Pilger die Suppe und bemerkte: „Ein wenig Salz und Pfeffer sowie eine Speckseite gäben der Suppe noch mehr Geschmack." Auch diese Zutaten brachte man ihm. Am Ende war eine herrliche Suppe entstanden, die die um den Kessel versammelte Gesellschaft und der Pilger aßen. Die meisten gingen danach nachdenklich nach Hause, denn sie hatten die in der Steinsuppe versteckte Botschaft verstanden.

Glücklicherweise waren wir auf der gesamten Pilgerreise nie auf Steinsuppe angewiesen. Gestärkt durch unsere üppige Morgenmahlzeit, machen wir uns wieder tatenfroh auf den Weg. Bereits fünf Kilometer später erfolgt in Mansilla de Mulas eine erneute Rast. Schon knapp eine Stunde später treffen wir am Etappenort ein. Die Herberge befindet sich ein wenig versteckt in einer Seitengasse. Der Empfang ist sehr freundlich, und alsbald finden wir uns in einem großen Zimmer mit vierzehn Doppelstockbetten. Auch die Sanitäranlagen der sich noch im Aufbau befindenden Herberge sind sehr großzügig konzipiert, finden doch hier rund neunzig Personen Platz. Zu unserem Erstaunen bleiben wir in diesem Zimmer heute mit Edith und Franz allein. Der Herbergsleiter hat vermutlich für uns ähnliche Sympathien entwickelt wie wir für ihn, und so weist er weitere Neuankömmlinge kurzerhand in die anderen Zimmer. Wir freuen uns bereits jetzt auf eine herrlich ruhige Nacht.

Auf dem Rundgang durch Puente Villarente stellen wir schnell fest, dass es sich hier hauptsächlich um einen Durchgangsort handelt. Trotz Regis schmerzenden Füßen laufen wir noch zum Fluss, wo wir uns wenigstens bis zu den Hüften in nur bedingt sauberem Wasser abkühlen. Die Verschmutzung lässt jedoch immerhin eine Sicht bis rund dreißig Zentimeter unter die Wasseroberfläche zu. Aus diesem Grund sieht man plötzlich, wie zwei Pilger mit hochgerollten Hosenbeinen fluchtartig das Flussufer Richtung Festland verlassen. Vermutlich war uns die Wasserschlange, die wir durch unsere Planscherei am Ufer aufgescheucht hatten, nicht böse gesinnt. In diesem Moment zogen wir es jedoch vor, einer direkten Konfrontation mit derselben auszuweichen.

Nach der kurzen Anhebung des Blutdruckes begeben wir uns zurück in die Herberge, wo wir uns im kühlen Innenhof vom Schreck erholen. Auch Edith und Franz sind bereits von ihrer Nachmittagsruhe zurückgekehrt, und so beschliessen wir, das einfache Nachtessen, das direkt hier in der Herberge angeboten wird, gemeinsam zu geniessen. Von den Einheimischen erfahren wir, der Fluss sei trotz der relativ starken Verschmutzung von unzähligen Lebewesen bevölkert. Die wenigsten der darin lebenden Schlangenarten seien jedoch giftig. Unsere nachmittägliche Flucht lässt leider keine genaue Beschreibung des Wassertieres zu, und so bleiben wir bezüglich der Gefährlichkeit des Reptils im Unklaren. Trotzdem sind wir nicht unglücklich darüber, nicht mehr knietief im Fluss zu stecken, sondern hier am Tisch zu sitzen.

Gedanken des Tages: Auf direkte Begegnungen mit Kriechtieren können wir in Zukunft gerne verzichten.

2006 – Ein Schlag ins Gesicht

Der Augenblick der Entscheidung naht: Die Stelle, auf die ich in den vergangenen Jahren hingearbeitet habe, wird zur Besetzung ausgeschrieben. Ich habe immer klar zum Ausdruck gebracht, dass mich die Tätigkeit fasziniere und ich meines Erachtens auch die geeigneten Qualifikationen für diese Kaderfunktion mitbrächte. An der Fachhochschule habe ich im vergangenen Jahr ganz nebenbei noch ein Nachdiplomstudium im Fach Personalführung absolviert und mache mir berechtigte Hoffnung, auf der Berufslaufbahn eine Treppenstufe nach oben zu steigen.

Ab Beginn des Auswahlverwahrens habe ich jedoch ein ganz komisches Bauchgefühl. In den Bewerbungsgesprächen muss ich unerklärliche Fragen beantworten, die meines Erachtens nach dreiundzwanzig Jahren beim gleichen Arbeitgeber nicht mehr gestellt werden sollten. Zudem trommeln die Buschtrommeln erstaunlich leise, was auch nichts Gutes verheisst. Schon vor Bekanntgabe des Entscheides spüre ich deutlich: Da läuft etwas nicht zu meinen Gunsten. Tatsächlich wird mir eröffnet, die Wahl sei nicht auf mich gefallen. Als ich dann kurze Zeit später erfahre, dass man sich für einen über zehn Jahre jüngeren Elektroingenieur aus dem Kanton Zürich entschieden habe, dessen Leistungsausweis auch auf dem guten Namen seines Vaters aufbaut, bin ich noch mehr enttäuscht.

Um zukünftig nur noch als Wasserträger für diesen jungen Karrieremann zu dienen, bin ich mir nun doch zu schade. Was nun folgt, ist schnell beschrieben: Dank guten Beziehungen und tollen Arbeitszeugnissen finde ich schnell eine neue Anstellung außerhalb des Polizeikorps. Ich bin überzeugt, nach über zwanzig Jahren im Staatsdienst auch in der Privatwirtschaft bestehen zu können.

Natürlich hinterlässt diese Zeit auch tiefe Narben, deren Heilung sicher einige Zeit in Anspruch nehmen wird. Eine im Stolz gekränkte Seele ist mit einem waidwunden Tier zu vergleichen: unberechenbar und zu vielem bereit. Diese erste wirklich große Niederlage ist für einen erfolgsverwöhnten Menschen wie mich nur schwer zu verkraften. Zu merken, dass zusätzlich auch die körperlichen Kräfte abnehmen, dazu fehlt mir im Moment das Feingespür.

Pilgertag 22

Samstag, 1. August 2009, Puente Villarente–Valverde de la Virgen
Distanz: 25 Kilometer, 519 m aufwärts, 422 m abwärts,
9 Stunden unterwegs

Tagwache um fünf Uhr, Abmarsch sechs Uhr, doch der Start in den neuen Tag verläuft nicht gerade berauschend. Im ganzen Dorf ist noch keine der sechs Bars geöffnet. Regi bekommt die ersten vierzehn Kilometer nicht mal einen Kaffee. Das kann ja heiter werden! Und tatsächlich: Bis mitten in die Großstadt Léon ist nicht eine einzige Bar geöffnet!

Eingangs der Stadt León finden wir nach einigen Stunden Auf und Nieder endlich die erste Möglichkeit zur Zwischenverpflegung. Zu allem Unglück beginnt es jedoch vorher noch zu regnen, und wir müssen erstmals seit unserem Start die Regenjacken und danach auch noch die Pelerinen anziehen. Doch nur keine Aufregung! Wenigstens haben wir jetzt die Gewissheit, dass das Equipment auch in Ordnung ist und wir dieses nicht nutzlos so viele Kilometer mitgetragen haben. In unverwechselbarem Pilgerlook marschieren wir also in León ein. Fast hätte ich vergessen zu erwähnen, dass wir beim Anmarsch auf León oberhalb der Stadt einen wunderschönen Rundblick hatten, sich die Launen dadurch aufhellten und wir uns doch tatsächlich ob der Schönheit des Anblicks wieder freuen konnten.

Der Regen wird jetzt leider immer stärker, die Läden haben noch nicht offen, es sind noch nicht viele Leute auf der Straße, und so gönnen wir uns vor dem Besuch der Kathedrale einen zweiten Kaffee mit Tortilla und Brot. Nachdem wir aufgrund des Platzregens ins Innere des Lokals disloziert haben, werden wir durch ein Ehepaar aus England auf unsere Pilgerfahrt angesprochen. Die Engländer bereisen den Norden Spaniens und wollen übermorgen die Eltern des Mannes, die vor kurzer Zeit nach Santiago umgezogen sind, besuchen. Sie lauschen sichtlich gespannt unseren Erzählungen und sind erfreut, hier so komische Leute, die freiwillig im Hochsommer den Norden Spaniens zu Fuß durchqueren, getroffen zu haben. Ich denke, dass das Paar in Santiago sehr schnell genug haben wird von Rucksacktouristen.

Der Besuch der Kirche verläuft, wie zu erwarten war, wenig spektakulär, bin ich doch seit Burgos bereits kathedralengeschädigt. Der Unterschied zu Burgos besteht lediglich darin, dass am heutigen Tag in der Kirche von León diverse Hochzeiten stattfinden. So werden wir auf fast direktem Weg durch die große Kathedrale geschleust, beim Haupteingang hinein und wenig später bei einem Seitenausgang wieder heraus. So beschließen wir relativ schnell, die Stadt in Richtung Santiago zu verlassen. Das Wetter und das ganze Umfeld bestätigen uns wiederholt, dass uns solche Städte die Kraft wirklich entziehen. Der Ausmarsch aus León ist, gelinde ausgedrückt, grauenvoll: Nicht nur, dass der Weg schlecht markiert ist, nein, man schickt uns auch noch in die falsche Richtung. Danach versuchen wir noch einen neuen Pilgerpass zu bekommen. Trotz deutlichem Vermerk in unserem Pilgerführer will in der Herberge am Ausgang der Stadt niemand neue Pilgerpässe abzugeben haben.

Nachdem wir die Altstadt endlich auf dem richtigen Weg verlassen konnten, folgen ganz schreckliche Vororte mit unendlich langen Industriezonen, schlechten Wegen und natürlich immer direkter Straßennähe.

Urplötzlich erblicken wir in einer Bar Franz und Edith. Den beiden Österreichern erging es ähnlich wie uns, sodass sie sich ebenfalls zum Weitermarsch entschlossen. Nach dem Hinunterspülen des Vorortfrustes nehmen wir alsbald die letzten fünf angesagten Kilometer unter die Sohlen. Der Marsch zieht sich unendlich in die Länge, will und will nicht enden, und La Virgen del Camino hält sich nach wie vor von uns fern. Schlussendlich erreichen wir die Herberge unmittelbar vor einem großen Gewitterregen und trotzdem mehr oder weniger trocken.

Die private Herberge präsentiert sich als eine große Überraschung: Wir werden mehr als herzlich empfangen. Die Herbergsleiterin gibt sich alle erdenkliche Mühe, es gibt ausreichend Platz, die Sanitäranlagen sind wunderbar, und zu unserer Freude steht nach der Dusche bereits ein warmes Zvieri auf dem Tisch. Die Freude daran beschränkt sich jedoch auf Franz und mich, und so ergötzen halt nur wir beide uns an der frisch zubereiteten Leber. Höflich erkundigt sich die Gastgeberin, ob mit unseren Füßen alles in Ordnung sei. Wir können die Frage nicht klar einordnen, liegt der Duft der Leber doch noch zu frisch in der Luft. Nachdem wir zuerst alle unsere Treter gelobt haben, traue ich mich dann doch, ihr zu verstehen zu geben, der Zustand meiner Füße habe unterwegs bereits ein wenig gelitten. Unverzüglich holt Maria, so heißt die gute Frau, ein frisches Blatt des großen Aloe-Vera-Kaktus. Sie schneidet eine Scheibe ab, drückt diese aus und massiert mit dem Saft der Pflanze kräftig meine Füße. Mit zwei kleinen Pflastern und der Bemerkung, die Blasen seien bald verheilt, beendet sie ihr Werk. Wenn die gute Frau nur wüsste, dass ich die Blasen seit über zwei Wochen mitschleppe, wäre ihre Voraussage wohl nicht so positiv ausgefallen. (Anmerkung des Autors: Bei der Ankunft in Santiago waren die Blasen nahezu verheilt. Maria und Aloe-Vera sei's gedankt!) Dass nach meiner wohligen Behandlung auch die übrigen Gäste gerne ihre Füße zur Behandlung darboten, versteht sich von selbst. Für ihre Dienstleistung nahm Maria übrigens kein Entgelt. Dies sei ihr Dienst am Pilger, lautete die kurze Bemerkung auf unsere entsprechende Anfrage.

Maria empfiehlt sich dann noch als Köchin und schlägt vor, wir könnten für acht Euro um neunzehn Uhr bei ihr auf der Veranda zum Pilgeressen erscheinen. Trotz skeptischer Blicke der Frauen, die sich noch zu gut an den Geschmack der Leber erinnern, willigen wir alle sofort ein. Was Maria und ihr Vater danach auf der schönen Außenküche für Franz und Edith, je einen Gast aus Spanien und Italien sowie Regi und mich auf den Tisch zaubern, bleibt unvergessen: Vorspeiseteller mit frischen Wurstwaren, Käse und knackigem grünen Salat. Danach Spaghetti und für jeden drei Schnitzel und zum Schluss noch Dessert in Form von Süßigkeiten. Dass dazu reichlich Rotwein ausgeschenkt wird, versteht sich von selbst. Nach einer solchen Schlemmerei genießen wir auch noch den zum Kaffee angebotenen Hausschnaps, gilt es für uns doch noch etwas zu feiern. Trotz fehlender Raketen, die niemand vermisst, erheben zum Schluss Spanier, Italiener, Österreicher und Schweizer gemeinsam das Glas auf den 718. Geburtstag der Schweizerischen Eidgenossenschaft. Satt, müde und zufrieden sinken wir eine Stunde vor Mitternacht alle in die Federn.

Gedanken des Tages: Ein Tag, der schlecht anfängt, muss nicht zwingend auch so enden!

1. August, Einmarsch in Leon

Beförderungsurkunden und Zertifikate zieren die Wand.
War der Preis zu hoch?

KAPITEL 12
STELLENWECHSEL UND KOLLAPS

2007 – Start in der Privatwirtschaft

Unsere Kids sind zwischenzeitlich beide der Grundschule entwachsen. Beni lernt Kaufmann bei der Stadtverwaltung, Michi Informatiker in einer Firma für Betriebsautomation. Beide sind soweit zufrieden und gehen ihren eigenen Weg. Regi arbeitet nun als Kauffrau bei einer Elektroinstallationsfirma, gleichzeitig ist sie im Nebenamt als Laienrichterin tätig, und einmal wöchentlich hilft sie auch noch einen halben Tag im Geschäft ihres Bruders. Daneben gilt es für sie nach wie vor, den Haushalt für vier Personen in Schwung zu halten, täglich zu kochen und Haus und Garten zu pflegen.

Anfang des Jahres folgt ein großer Tiefschlag für mich: Mein ehemaliger Mentor, inzwischen in der Funktion des stellvertretenden Polizeikommandanten, erleidet völlig unerwartet am Arbeitsplatz einen Herzinfarkt. Dieser führt wenige Stunden später im Spital zum Tod. Wenige Monate zuvor ließ ich mich von ihm noch zum Kauf seines tollen 1100er BMW, eines wunderschönen, toll gepflegten Motorrades, überreden. Sein Tod ist ein großer Verlust für die Familie und das gesamte Umfeld. Um die Kündigungsfrist nicht zu verpassen, deponiere ich ausgerechnet am Vortag seiner Beerdigung beim Polizeikommandanten meine Kündigung. Für Gedankenarbeit ist gesorgt.

Ich habe den Schritt in die Privatwirtschaft vollzogen. Zu behaupten, dies sei mir leicht gefallen, wäre eine Lüge. Die neue Arbeitsstelle ist sehr interessant, doch fordern mich insbesondere die in englischer Sprache geführten Audits stark. Trotz sehr herzlicher Aufnahme merke ich, dass ich nun plötzlich ein Fremder bin – für mich eine kaum mehr gekannte Erfahrung, umgaben mich doch trotz stetigem Arbeitsplatzwechsel in den vergangenen Jahren immer in etwa dieselben Personen. Die Einarbeitungsphase kommt gut voran, doch insbesondere die freien Tage während der Arbeitswoche fehlen mir. Es ist zwar schön, an den Wochenenden immer freizuhaben, doch nach so langer Zeit mit unregelmäßigem Arbeitseinsatz hatte ich auch die Vorteile dieses Systems kennen- und nutzen gelernt. Mit politischen Abklärungen in den verschiedenen Ämtern, die bekannterweise nur von Montag bis Freitag geöffnet haben, ist für den Moment sicher mal Schluss. Somit bleiben politische Arbeiten länger als gewohnt auf meinem privaten Arbeitstisch liegen, was für mich eine große zusätzliche Belastung bedeutet. Mehrheitlich bereitet mir nun die Neuorganisation des Umfeldes wesentlich mehr Mühe als der Einstieg in die Berufswelt außerhalb der Polizei.

Glücklicherweise kann ich einen Großteil des bisher erarbeiteten Wissens in die neue Umgebung transferieren. Zudem helfen mir meine Erfahrung und die Tatsache, dass ich in den Menschen grundsätzlich immer zuerst das Gute sehe, ebenfalls, die Umstellung zu meistern. Schon bald merke ich, dass sich hier in der Privatwirtschaft meist alles ums Geld dreht. „Kosten senken", „Gewinn optimieren", „Prozesse vereinfachen", dies sind nur einige Schlagworte, die mir regelmäßig um die Ohren fliegen. Auch dies ist für mich in der genannten Größenordnung eine neue Erfahrung. Trotz allem ziehe ich nach gut einem halben Jahr eine positive Bilanz: Der Start ist gelungen, jetzt kann ich beginnen, mich zu beweisen.

Was mich eher beunruhigt, jedoch mit Ausnahme meiner Frau niemandem auffällt, sind meine schwindenden Kräfte. Immer öfters sind meine Batterien nach einem ausgefüllten Arbeitstag leer. Die Teilnahme an abendlichen Besprechungen fällt mir schwer, und längere Konzentrationsphasen nach Arbeitsschluss sind kaum mehr möglich. Ich beruhige mich mit der Ausrede, dies hänge sicherlich mit dem Stellenwechsel zusammen; ich sei nach der Einarbeitung sicher wieder zu einhundert Prozent fit. Obschon eine Belastung, versuche ich mich nicht allzu sehr mit negativen Gedanken zu umgeben. Der Verdrängungskampf ist somit wieder voll im Gange.

Pilgertag 23

Sonntag, 2. August 2009, Valverde de la Virgen–Hospital de Orbigo
Distanz: 22 Kilometer, 160 m aufwärts, 226 m abwärts,
5 Stunden 15 Minuten unterwegs

Mit vollem Magen starten wir trotz starker Bewölkung gut. Regi übernimmt mit einem flotten Tritt, und so kommen wir sehr schnell voran. Bereits vor neun Uhr haben wir die halbe Distanz der heutigen Tagesetappe zurückgelegt. Zur Belohnung gibt es – was wohl? – Joghurt und Milchkaffee. Die trockene Hochfläche des Páramo ist wenig spektakulär und hat eine typische Vegetation zu bieten: Zwergstrauchheiden aus Zistrosen, Lavendel und Ginster, ein paar Felder und im Hintergrund einen Weinberg. Zusätzlich verläuft der Weg fast parallel zur Hauptverkehrsachse, und für einen Sonntag herrscht zudem viel Verkehr. Was uns trotzdem deutlich auffällt, ist die Tatsache, dass sich die Landschaft gegenüber den Vortagen verändert: Es wird dunkler und grüner. Ab und zu findet man am Wegrand sogar Bewässerungsgräben, und die Kornfelder werden vermehrt von Mais- und Gemüsefeldern verdrängt. Auch nähern wir uns stetig den Bergen.

In einer kleinen Tienda, rund sieben Kilometer vor dem Tagesziel, gibt es nochmals Kaffee und Bocadillo. Danach geht es voller Tatendrang auf zum letzten Abschnitt. Ich laufe auf dem absolut flachen Teilstück nochmals zusammen mit Franz los. Die Etappe zieht sich dann doch noch ein wenig. In der Annahme, Regi laufe mit Edith, ziehe ich mit Franz in flottem Schritt durch bis nach Hospital de Orbigo. Als dann Edith nur wenig später alleine eintrifft, merke ich schon, dass mein Vorauseilen vermutlich nicht gerade gut bedacht war. Beim Eintreffen meiner Frau bestätigt sich dieser Verdacht. Mit Schuldgefühlen nehme ich mir vor, zukünftig solch übermütiges Treiben zu unterlassen. Ich bin nämlich überzeugt, dass wir gerade wegen unseres besonnenen, zeitweise langsamen Vorwärtsgehens überhaupt so weit gekommen sind.

Die Ankunft im schönen Ort Hospital de Obrigo fällt dann unsererseits entsprechend kühl aus. Obschon uns eine eindrückliche Bogenbrücke empfängt, die längste ihrer Art auf dem Jakobsweg, kann diese nicht wirklich viel dazu beitragen, unsere Herzen zu erhellen. Der Bezug der Unterkunft, das Duschen, Wäschewaschen und der Mittagsschlaf verlaufen weitgehend ohne Konversation. So verbringen wir auch den Abend eher ruhig bei einem durchschnittlichen Essen und einem Glas Wein.

Im Schlafraum ist es stickig, laut und hell; zudem ist die Herberge komplett überfüllt. Als ich nachts zur Toilette muss, trete ich nur durch Zufall nicht auf einen auf dem Boden schlafenden Pilger. Zu allem Übel entdecke ich bei meinem Toilettengang die Ursache meines unruhigen Schlafes: Am Rücken und an den Armen bis hinunter zu den Füßen haben sich unzählige hässliche rote Punkte gebildet. Es juckt mich von der Zehe bis zur Haarwurzel. Sogar an den dümmsten Körperstellen haben sich diese unangenehmen Dinger gebildet. Am ganzen Körper zähle ich bestimmt bereits über fünfzig solche Rötungen. Waren da Flöhe oder Wanzen am Werk – oder plagt mich gar eine andere Krankheit? Da muss ich am Morgen schleunigst Gegenmaßnahmen einleiten!

Gedanken des Tages: Gegenseitige Rücksichtnahme war eigentlich unser Gebot.

2007 – Brief von meiner Frau

Am 6. Juni 2007 feiern wir unseren 20. Hochzeitstag. Bei der Übergabe der neuen Eheringe überreicht mir meine Frau einen der selten gewordenen Briefe. Zu erwähnen ist an dieser Stelle, dass Regi und ich aus der Phase, als wir uns kennenlernten, beide noch je zwei Schachteln Briefe vom jeweils anderen aufbewahrt haben. Eine oberflächliche E-Mail-Bekanntschaft war vor bald 30 Jahren nicht möglich. Sich auf diese Weise auszudrücken, war in kürzerer Vergangenheit jedoch eher meine Stärke. Während des Genusses des gemeinsamen Nachtessens entschließe ich mich, den Brief erst später zu lesen. Diesen Entscheid sollte ich nicht bereuen.

Mit Einwilligung meiner Frau, die bereits so viele Jahre unterstützend an meiner Seite steht, veröffentliche ich an dieser Stelle ihre sehr persönlichen Zeilen:

„Lieber Jörg, 20 Jahre ist es her, seit wir unsere Verbindung legalisiert haben. Vielen Dank für deine Liebe, dein Verständnis und die Geduld, die du mir in all den schönen Jahren geschenkt hast.
Ich hab dich wirklich lieb und habe eine große Bitte an dich: Trag Sorge für dich! Deine Energie und Gesundheit sind nicht unermesslich, und ich wünsche mir doch so sehr, mit dir alt und grau zu werden."

Diese Zeilen bestätigen mir, was ich selber empfinde. Aber was soll der zweite Teil des Liebesbekenntnisses? Spürt meine mich liebende Frau mit ihren feinfühligen Sensoren, dass sich da was zusammenbraut? Ich bin jedenfalls enorm dankbar für diese Zeilen und trage diese oft bei mir.

Albert Schweizer schrieb einmal:

„Sind alle, denen es gut geht, glücklich, und alle, denen es schlecht geht, unglücklich?
Nein, da ist ein kleines Ding, das Herz, und das kehrt oft alles um und macht, dass Weinende glücklich sind, und diejenigen, die glücklich sein sollen, sich nicht freuen können."

Warum hier diese Gedanken? In dem Moment, als ich den Brief meiner Frau lese, bin ich sehr glücklich, auch wenn leise, feuchte kleine Tränen über meine Wangen rollen.

Es ist bald Ende des Jahres, und wir freuen uns auf die Festtage. Ich spüre, dass mein Körper müde ist und ich die freien Tage während der heiligen Zeit dringend benötige. Am Abend des dreiundzwanzigsten Dezembers schließe ich die Bürotür für dieses Jahr endgültig. An Heiligabend schüttelt mich dann leichtes Fieber. Die Müdigkeit ist groß, trotzdem genieße ich still die Feier. Meine liebe Schwiegermutter beglückt uns wie jedes Jahr mit einem feinen Essen, und danach wechseln sich Besinnlichkeit und Lachen in willkürlicher Reihenfolge. Der Nachmittag des ersten Weihnachtstages gestaltet sich in ähnlicher Form, lediglich die Örtlichkeit hat gewechselt. Wir sitzen in der gemütlichen Stube meiner Eltern, diese genießen die Anwesenheit der Kinder und Großkinder und verwöhnen uns mit vielen Leckereien. Fast hätte ich vergessen, dass sogar noch eine weitere Generation am Tisch sitzt: Mein Großvater wurde dieses Jahr einhundert Jahre alt, und so genießen vier Generationen Kyburz das Fest.

Am Stephanstag ist dann bei mir Schluss mit inneren Durchhalteparolen. Mein Körper streikt endgültig, und so ergebe ich mich dem Unwiderruflichen und umsorge mich einige Tage. Am ersten Januar fühle ich mich dann wieder so weit erholt, dass wir gemeinsam den Neujahrsanlass in der Stadt besuchen können. Ab heute bin ich als Einwohnerratspräsident höchster Lenzburger, und somit sind zukünftig solche Anlässe Pflicht. Ich genieße den Anlass. Doch nach mehr als einhundertmaligem Anstoßen mahnt mein Körper erneut zur Vorsicht, und so nehmen wir den Weg nach Hause unter unsere Füße: vorbei am Schlosshügel, durch unsere schöne Altstadt und entlang der Bahnhofstraße. Das neue Jahr hat definitiv begonnen – doch was mag es bringen?

3. August, schöner Ausblick vor dem Abstieg nach Astorga

Die große Stütze meines Lebens

KAPITEL 13
AUSEINANDERSETZUNG MIT DEM TOD

2008 – Der Krebs ist zurück

Am Ende der ersten Arbeitswoche im neuen Jahr haben wir Gäste. Cädi, eine Jugendfreundin Regis und ihr Partner Marcel sind zu einem gemütlichen Abend mit Fondue geladen. Ich stehe an diesem Morgen jedoch gar nicht gut auf. Schwindel lässt mich kaum auf den Beinen halten, und nach dem obligaten Lesen der Morgenzeitung beginnt auch mein Magen noch zu rebellieren. Ich lege mich kurz hin, versuche mich zu erholen und begebe mich daraufhin alsbald wieder ans Tageswerk. Einige liegen gebliebene Arbeiten warten noch auf Erledigung. Doch in den nächsten Stunden muss ich mich immer wieder hinlegen. Als das Intervall zwischen den Schwindelanfällen kürzer wird, ziehe ich sogar die Absage der Einladung in Betracht.

Aber nein, in den vergangenen Monaten musste ich so oft Abmachungen wegen meiner Müdigkeit stornieren. Dies kann ich Regi nun anfangs des Jahres nicht schon wieder antun. So beschlossen, gönne ich mir während der Mittagszeit eine längere Ruhepause und verlangsame meinen Takt am Nachmittag gezwungenermaßen. Alles ist vorbereitet, die Gäste kommen, und wir genießen einen gemütlichen Abend.

Meine innere Unruhe wird jedoch immer größer. Bereits am Nachmittag habe ich Schweißausbrüche, Herzrasen und Panikattacken. Zu allem Übel kommt dazu, dass mein linker Arm, der bereits seit Wochen immer wieder leicht schmerzt, sich nun zeitweilig ganz von mir verabschiedet und es vorzieht, leicht kribbelnd vor sich hin zu schlafen. Nach kurzen Momenten der Ruhe bekomme ich diese komischen Körpersignale jeweils schnell wieder in den Griff. Die Ablenkung am Abend kommt mir nicht ungelegen. Ich oute mich als Hausmann, und so fällt es kaum auf, dass ich mich zwischendurch immer wieder für einige Minuten auf den Stubenboden lege. Da der Druck in der linken Achselhöhle immer schmerzhafter wird, bin ich nicht unglücklich darüber, dass uns der Besuch noch vor Mitternacht verlässt. Obschon mich meine Angst- und Unruheanfälle sowie Schweißausbrüche am Abend nicht mehr so oft attackierten, betrachte ich mich vor dem Zubettgehen längere Zeit im Spiegel. Was ist nur los mit mir? „Komme ich in die Wechseljahre – oder beginnt nun auch noch mein Herz zu rebellieren?", frage ich mich und hebe fast zufällig den linken Arm. Der Schock sitzt tief: Wo sich sonst die Achselhöhle nach innen wölbt, hat sich nun eine große, gut sichtbare Anschwellung gebildet. Beim Betasten derselben stelle ich fest, dass diese ganz weich und auch leicht verschiebbar ist. Dies beruhigt mich ein wenig. Ich beschließe, meine Frau, um sie nicht zu beunruhigen, nur oberflächlich zu informieren. Gleichzeitig nehme ich mir fest vor, die Angelegenheit am kommenden Morgen nochmals einer erneuten Beurteilung zu unterziehen.

Die kommenden vier Stunden werden dann zu einem Höllenmarsch: Wirre Gedanken schwirren durch meinen Kopf, und dabei werde ich von Herzrasen begleitet. Ich muss immer wieder aufstehen, herumlaufen, den schlafenden Arm wecken, mich kalt abwaschen – und zähle so Minute um Minute der nur langsam voranschleichenden Nachtzeit. Als ich kurz vor vier Uhr aufstehe und mich tatsächlich dabei ertappe, dass ich nachschaue, ob der Sensenmann vor der Schlafzimmertüre steht, ist meine Geduld am Ende. Ich wecke meine Frau und teile ihr mit, dass sie mich unverzüglich in das nahe gelegene Spital nach Aarau fahren müsse.

Meinen Willen kundgetan, beschließe ich, meinem schmuddeligen, verschwitzten Körper vor der Abfahrt eine belebende Dusche zu gönnen. Derweil packt Regi eiligst die notwendigen Utensilien für einen Spitalbesuch in eine Sporttasche. Natürlich hat auch sie nicht gut geschlafen und bemerkt, dass mit mir irgendetwas nicht stimmt.

Von der Dusche zurückgekehrt, stelle ich meinen Entschluss bereits infrage. Es geht mir nun wieder besser, und ich kann doch so nicht morgens um vier in der Notfallabteilung des Kantonsspitals erscheinen!

Doch da habe ich meine resolute Frau falsch eingeschätzt: „Jetzt ist gepackt – jetzt wird gefahren", verkündet sie in einem Ton, der keinen Widerspruch duldet.

Auf der Fahrt nach Aarau überfällt mich erneut ein Schwindelanfall, und so bin ich froh, dass ich wenig später im Spital auf dem Stuhl vor einer „Empfangsdame" sitze; dies allerdings nur kurze Zeit. Nach der Entgegennahme meiner Personalien und der Schilderung meines Zustandes erscheint bereits ein Pflegefachmann und bringt mich in ein Notfallzimmer. Kaum auf dem Bett, erhalte ich eine Glyzerin-Tablette, weisen doch meine Schilderungen auf eine mögliche Herzstörung hin. Pulsmessung, Blutdruck und weitere Untersuchungen bestätigen diese Vermutung jedoch nicht. Die Beruhigungstablette erfüllt ihren Zweck: Ich schlummere ein wenig ein, und so stört es mich auch nicht, dass sich die Untersuchungen über Stunden in die Länge ziehen. Zweimal kommt ein Arzt vorbei, stellt Fragen, untersucht mich und verlässt uns wieder. Nach elf Uhr schicke ich Regi nach Hause, denn ihre Lage im Stuhl neben meinem harten Notfallbett ist nicht gerade bequem. Da sie einsieht, dass ihre Unterstützung hier nicht weiter notwendig ist, lässt sie sich zur längst fälligen Ruhepause überreden. So wird es ihr auch möglich, Beni und Michi zu Hause persönlich über das Geschehene zu informieren. Natürlich verspreche ich, sie bei einer Veränderung der Lage unverzüglich zu informieren.

Kurz vor zwölf Uhr teilt mir eine Ärztin mit, für mein Befinden habe noch keine klare Ursache gefunden werden können. Ich würde jedoch demnächst für eine Ultraschalluntersuchung abgeholt, da die atypische Schwellung unter dem linken Arm und das regelmäßige Einschlafen desselben noch genauer untersucht werden müssten. Durch diese Aussage vorerst ein wenig beruhigt, schlafe ich nochmals kurz ein.

Das Rütteln meines Bettes weckt mich, und ich stelle fest, dass wir unterwegs sind. Gemäß Informationen meines „Fahrers" gehe es zum Ultraschallraum, dort warte bereits eine Spezialistin auf unsere Ankunft. Somit startet die Untersuchung nach meinem Eintreffen im dunklen Raum unverzüglich. Da mir Ultraschalluntersuchungen bekannt sind, verrät mir das dauernde Klicken der Maus, ausgelöst durch das Abspeichern von Bildern, nichts Gutes. Und tatsächlich: Wenige Minuten nach Beginn der Untersuchungen eröffnet mir die Ärztin, sie habe in meinem Lymphsystem vier größere Geschwülste festgestellt. Sie müsse die Bilder nun analysieren, danach werde sich ein Oberarzt bei mir melden.

Filmriss.

Erst wieder ins Notfallzimmer zurückgekehrt, beginne ich zu realisieren, was da abläuft. Für Geschwülste im Lymphsystem gibt es doch auch eine andere Bezeichnung. Werden diese im Fachjargon nicht Tumore genannt? So langsam dämmert mir, was ich so lange verdrängte und einfach nicht wahrhaben wollte: Die Krebszellen in meinem Körper sind wieder aktiv! Ohne Hektik rufe ich Regi an und bitte sie, wieder nach Aarau zu kommen. Für lange Erklärungen bleibt keine Zeit, erwarte ich doch demnächst den Besuch des Oberarztes. Kurz nach vierzehn Uhr – ich bin nun schon seit über neun Stunden hier – eröffnet uns ein junger Oberarzt, auf meiner Bettkante sitzend, folgenden ersten Befund: Im Lymphsystem der linken Achselhöhle seien bei der Ultraschalluntersuchung vier Tumore gefunden worden. Die fünf, vier und zwei Zentimeter großen Gewächse müssten schnellstmöglich entfernt werden. Natürlich werde erst die nachfolgende genaue Untersuchung der Geschwülste ein abschließendes Bild ergeben, doch Form und Lage der Gewächse sowie meine Vorgeschichte ließen keinen Aufschub zu. So wird meine Verlegung in die Abteilung Onkologie beschlossen und kurze Zeit später auch vollzogen.

Im neuen Zimmer angekommen, in den ersten Minuten noch ohne Mitbewohner, bin ich ob der Erkenntnisse des Tages dermaßen erschlagen, dass kaum mehr eine vernünftige Diskussion mit Regi möglich ist. So beschließt sie, nach Hause zu fahren, die Jungs zu informieren, und verspricht beim Abschied, mich am Abend nochmals anzurufen. Keine Tränen, kaum Emotionen, ich bin einfach nur leer.

Wenig später wird ein kaum zwanzigjähriger junger Mann in mein Zimmer geschoben. Er war bei der Chemo und schläft nun. Hat man mir ein Beruhigungsmittel verabreicht – oder döse ich aus Erschöpfung ab und zu ein? Ich weiß es nicht. Die kommenden Stunden werden unendlich lang. Ich vernehme jede Viertelstunde das Läuten der Glocken der Spitalkirche und stelle ganz nüchtern fest: Ich bin noch hier! Die Erkenntnis, dass meine Vorstellung, die Krebskrankheit überwunden zu haben, in all den Jahren nur Wunschdenken war und ich mich in Tat und Wahrheit lediglich mit Bruder Krebs arrangiert hatte und seinem Angebot, mit ihm zu leben, Folge leistete, ereilt mich erst in den frühen Morgenstunden.

Nun beginnt das große Warten. Im Hintergrund werden eifrig Abklärungen getätigt, ich informiere so sanft wie möglich telefonisch meine Eltern. Deren Schock kann ich nur erahnen. Gegen Abend wird mir mitgeteilt, dass morgen der Chefarzt vorbeikomme, um mit mir das weitere Vorgehen zu besprechen. Ob der anfänglich angesagten Dringlichkeit werde ich ein wenig ungeduldig, doch beeinflussen kann ich kaum etwas. Zum Glück verkürzen mir diverse Besuche die Zeit: Am Nachmittag kommt Regi vorbei, doch die Situation lässt ein wirklich tiefes Gespräch irgendwie nicht zu. Vielmehr ist es die Klärung organisatorischer Fragen, die im Vordergrund steht. Am Abend stehen zu meiner Überraschung plötzlich mein Chef und die Personalverantwortliche neben meinem Bett. Flugs angezogen, den Flaschenwagen hinter mir herziehend, begeben wir uns in den Aufenthaltsraum. Ich informiere Martin und Doris über die bis anhin bekannte Sachlage, vermeide es jedoch, sie detailliert über meine wirklich schlimmsten Befürchtungen zu informieren. Als dann auch noch mein Freund Martin und René, ein Kollege aus der Lehrzeit, vorbeikommen, entwickelt sich eine nette Gesprächsrunde und für mich somit eine prima Ablenkung.

In der folgenden Nacht fließen erstmals seit meinem Spitalaufenthalt so richtig die Tränen. Im schrittweisen Vorbeiziehen meines Lebens spülen die Tränen die Angst von meiner Seele, und ich finde eine lange nicht mehr gekannte innere Ruhe.

Gleich, was kommt, alles muss so sein, wie es ist, und es ist gut so – mein Leben wird geführt, als Steuermann meiner selbst habe ich nur bedingte Korrektur und Lenkmöglichkeiten. Diese Erkenntnis dringt wie ein Blitz in mich ein. Wie gerne wäre ich jetzt mit Regi zusammen! Ich vermisse ihre Anwesenheit. Ein Teil von mir fehlt. Ihre momentanen Gedanken zu kennen, wäre mir so wichtig; ich möchte diese Zeit doch so gerne mit ihr teilen! Wenn auch einsam, wird es doch morgen. Ich spürte oft, nicht alleine zu sein; wer alles mich in diesen Nächten begleitete, kann ich nur erahnen. Doch die Gewissheit, nie allein zu sein, gibt mir große Kraft.

Der „Professor-Chef-Chirurg" sitzt neben meinem Bett, und gemeinsam erörtern wir detailliert die Situation. Die Tumore müssen so schnell wie möglich aus meinem Körper entfernt werden. Aufgrund deren Lage – die Tumore umschließen teilweise Blutgefäße, Nervenstränge sowie Muskeln – wird dies eine komplizierte Angelegenheit. Eine hundertprozentige Funktionalität des Armes kann mir nach der Operation nicht mehr garantiert werden. Zudem benötigt der Chirurg fachliche Unterstützung von Berufskollegen, die zuerst organisiert werden muss. Seine Aussage, eine Verzögerung der Operation sei aufgrund des fortgeschrittenen Tumorwachstums unkritisch, kann ich zu diesem Zeitpunkt nur bedingt werten. Mein Aufenthalt im Spital werde zu Vorbereitungszwecken noch ein bis zwei Tage dauern, danach könne ich bis zum Operationstermin nach Hause. Mit dieser Aussage schließt der „Professor-Chef-Chirurg" seine informativen Erläuterungen.

Regi war ebenfalls anwesend, und so gelingt es uns nun endlich, auch gemeinsam näher auf die Situation einzugehen. Dieses Gespräch bleibt in meiner Schatzschatulle, verschlossen mit dem goldenen Schlüssel meines Herzens.

Bei der Spitalentlassung am Folgetag teilt die Onkologin uns mit, wir müssten rund zwei bis drei Wochen auf den Operationstermin warten. Sie rät mir, meine Arbeit in der Zwischenzeit nicht wieder aufzunehmen, vielmehr legt sie uns nahe, unsere finanziellen und persönlichen Angelegenheiten in Ordnung zu bringen. Allein diese Aussagen erübrigen weitere Erläuterungen zum Befund. Mein Zustand ist, gelinde ausgedrückt, bedrohlich, die schulmedizinische Fachliteratur spricht bei meiner Diagnose von einer massiven Lebenszeitverkürzung. Je nach Fachbuch wird sogar von einer Lebenserwartung von wenigen Monaten, maximal einigen Jahren, gesprochen ...

Pilgertag 25

Dienstag, 4. August 2009,
Santa Catalina de Somoza–Cruz de Ferro–El Acebo
Distanz: 28 Kilometer, 402 m aufwärts, 256 m abwärts,
7 Stunden 45 Minuten unterwegs

Bei der Tagwache um fünf Uhr sind unsere Beine noch gezeichnet von den Strapazen des Vortages. Da wir erneut eine große, ereignisreiche Etappe geplant haben, beschließen wir, noch vor dem Morgenessen loszuziehen. Im ersten Dorf, das wir passieren – es trägt den klingenden Namen El Ganos –, haben die zwei vorhandenen Bars noch geschlossen, somit heißt es: zügig weiter bis Rabanal. Endlich Frühstück mit Kaffee, Toastbrot und Konfitüre. Der Aufenthalt wird kurz, denn wir erhoffen uns noch einen weiteren solchen in Foncebadon. Dort gibt's dann tatsächlich nochmals Milchkaffee, den wir jedoch erstmals wegschütten, da das Abwaschwasser vom Vorabend einfach nicht zu genießen ist. Von den berühmten „wilden Hunden", die Hape Kerkeling in seinem Buch so bildlich beschreibt, sehen wir absolut nichts. Die zwei kaum noch behaarten, alten, müden Geschöpfe, die wir zu Gesicht bekommen, liegen schlafend am Wegrand. Voller Tatendrang streben wir zügig den Berg hoch, erwartet uns doch bald das sagenumworbene Eisenkreuz. Auf 1054 Meter Höhe erblicken wir dann tatsächlich den fünf Meter hohen Baumstamm, der von einem eisernen Kreuz gekrönt wird, das Cruz de Ferro (in korrektem Castellano: „cruz de hierro"). Baumstamm und Kreuz befinden sich auf einem riesigen Steinhaufen, da seid Hunderten von Jahren die Pilger aus aller Welt hier einen mitgebrachten Stein aus ihrer Heimat ablegen. Der Stein wird stellvertretend für alle Lasten und Wünsche, die der Pilger hier deponierten möchte, zu Tausenden von seinesgleichen abgelegt.

Da nicht nur der Pilgerweg, sondern auch eine Autostraße zu diesem mystischen Ort führen, wimmelt es bei unserer Ankunft nur so von Touristen. Um dem Gejohle und Geschrei der unzähligen Bus-, Auto- und Velopilger auszuweichen, begeben wir uns zuerst zur nahe gelegenen Kapelle, die, für uns absolut unverständlich, mit diversem Unrat gefüllt ist. Trotzdem finden wir hier ein wenig Ruhe.

Später erklettern wir den Steinhügel und stellen, oben angekommen, mit großem Erstaunen fest, momentan hier oben die einzigen Personen zu sein. Wir suchen uns beide eine schöne Stelle, knien uns nieder und deponieren unsere von zu Hause mitgebrachten Steine. Regi hat alle Namen von Personen, an die sie denken möchte und denen sie Gutes wünscht, auf ihren Stein geschrieben. Sie hat dieses 254 Gramm schwere Ding nun über fünfhundert Kilometer in ihrem Rucksack mitgeschleppt. Meine Mägenwiler Kalkmuschel findet ebenfalls einen schönen Platz; und in dem Moment, als ich sie ablege, befällt mich eine unheimliche innere Ruhe und große Dankbarkeit. Allein schon die Überlegung, welche großen Gedankenmengen und immensen Lasten auf diesem Steinhügel in den vergangenen Jahrhunderten deponiert wurden, verursacht mir eine Gänsehaut. Unweigerlich spüre ich auch ein wenig Wehmut. Wie oft habe ich mir in Gedanken schon vorgestellt, hier auf diesem Steinhügel am Fuße des Cruz de Ferro zu stehen! Nun sind wir hier. Doch „jedes Ziel, das man erreicht, jeder Traum, der in Erfüllung geht, ist auch ein wenig wie sterben" (Zitat von Regi).

Urplötzlich geht der Trubel wieder los, sodass es uns nicht schwerfällt, diesen gedankenbeladenen Ort zu verlassen. Nur zweieinhalb Kilometer nach dem Cruz de Ferro werden wir mit einem hellen Glockenklang in Manjarin empfangen. Hier betreibt die Asociacion Circulo Templario aus Ponferrada eine sehr spezielle Herberge, die alte Templertraditionen wieder aufleben lässt. Charme und Herzlichkeit, die dieser Ort ausstrahlt, können die fehlenden Duschen und Außentoiletten nicht ersetzen, und so zieht es uns weiter in Richtung El Acebo.

Da wir am Vorabend bezüglich des steinigen, schwierigen Abstiegs gewarnt wurden und zudem Kenntnis davon haben, dass die Anzahl der in El Acebo zur Verfügung stehenden Betten stark limitiert ist, beschließen wir vor dem Abstieg, telefonisch in einer einfachen privaten Herberge ein Bett zu reservieren. Der Abstieg zeigt sich als die erwartete harte Prüfung. Die Geröllhalden sind mit dem stoßenden Gewicht des Rucksackes nur schwer zu begehen, und mein Knie reklamiert nahezu bei jedem Schritt.

Eingangs der Ortschaft El Acebo werden wir jedoch für die Strapazen entschädigt. Obschon ich mit meinen Kräften nach der langen Etappe am Ende bin, nehme ich noch wahr, welch hübsches, schön herausgeputztes Bergdorf uns hier erwartet. Mit der Reservation lagen wir goldrichtig, wird doch der Ort von unzähligen Möchtegernpilgern überschwemmt. Ich hoffe nur, dass die Reservation auch wirklich geklappt hat. Meine Angst ist unbegründet, und kaum die Herberge betreten, wird „Jorge da Suiza" mit seiner Begleiterin in ein schönes Dachzimmer geführt. Wir freuen uns, hier auch Franz und Edith wiederzusehen, die beschlossen haben, hier in den Bergen noch kürzere Etappen zu laufen. Sie sind um einiges früher eingetroffen und haben ihr Zimmer im gleichen Haus bereits bezogen.

Und eine zweite Überraschung erwartet uns hier! Wen erblicken wir da im Garten sitzend, die Füße in einem mit Eiswasser gefüllten Kessel steckend? Theo aus Holland, unseren Kumpel aus dem ersten Teil der Pilgerreise. Theo weiß zu berichten, dass er sich einer Gruppe um Peter angeschlossen hatte, die ein zügiges Tempo einschlug. Nach einigen Tagen zeigte sich jedoch, dass er dieser Anstrengung nicht gewachsen war. Er ging danach wieder langsamer, doch begannen seine Füße und sein vor eineinhalb Jahren eingesetztes neues Hüftgelenk hier in den Bergen zu streiken. So musste er an diesem lauschigen Ort eine ungewollte, mehrtägige Pause einlegen. Da die Schwellungen an seinen Füßen nun ein wenig abgeklungen sind, will Theo morgen versuchen, zusammen mit uns den Abstieg in Richtung Ponferrada in Angriff zu nehmen.

Nach einem kleinen Schläfchen und einer ausgiebigen Beinmassage, die ich mir selber verordnet habe, geht es mir wieder viel besser; und beim nachfolgenden Nachtessen feiern wir ausgelassen Ediths Geburtstag. Die Bohnen, die Forelle, die Kartoffeln, das Dessert – alles schmeckt prima. Die folgende Nacht durchschlafe ich ab zehn Uhr abends bis um sechs Uhr in der Früh. Ich habe mich erholt und bin bereit für neue Taten.

Gedanken des Tages: Kaum zu glauben, dass das Wiedersehen mit Pilgerfreunden so schön sein kann!

2008 – Bin ich bereit zu sterben?

Wieder zu Hause, lasse ich die Arbeit fürs Erste tatsächlich liegen. Ich organisiere den längst fälligen Gang zum Notar. Aufgrund der Dringlichkeit der Lage erhalten wir schnell einen Termin, sodass wir wenige Tage später zu viert in der Kanzlei sitzen und den vorbereiteten Ehe- und Erbvertrag unterzeichnen. Die Gespräche mit Regi, meiner Schwester und meinen Eltern sind in diesen Tagen lang und nicht gekennzeichnet von großer Fröhlichkeit. Alle blicken wir den Tatsachen ins Auge, doch machen wir uns gegenseitig Mut und halten uns am verbleibenden Schimmer Hoffnung fest.

Glücklicherweise erhalte ich bereits nach wenigen Tagen den Operationstermin und kann nur zehn Tage nach meiner letzten Entlassung wieder das Spitalbett beziehen. Die mehrstündige Operation verläuft komplikationslos. Die Tumore werden entfernt, zwanzig weitere Lymphknoten mit dazu, alle durchtrennten Organe können wieder richtig zusammengebaut werden, und mit den Fehlfunktionen abgeschnittener Nervenstränge kann ich zukünftig problemlos leben. Gelobt sei die moderne Medizin! An dieser Stelle ein Dank und ein Kompliment an die hervorragenden Chirurgen!

Nach nur vier Tagen kann ich das Spital bereits wieder verlassen; dass dabei der Wundschlauch immer noch in meinem Körper steckt und das zweite Ende in eine Glasflasche geführt wird, die ich in meiner Jackentasche versteckt habe, stört mich überhaupt nicht. Bei der Rückgabe der Flasche orientiert mich dann der Oberarzt über etwas, was wir eigentlich alle schon längst gewusst haben: Die entfernten Tumore waren allesamt bestückt mit Millionen und Abermillionen von Krebszellen. Die Wahrscheinlichkeit, dass unzählige davon das Lymphsystem verlassen und via Blut den Weg in andere Organe gefunden haben, ist sehr groß. Da diese Auskunft für mich nicht überraschend kommt, habe ich mich doch in den Vortagen im Internet bestens orientiert, bedeutet für mich die Nachricht keinen zusätzlichen Tiefschlag.

Obschon ich mich in den kommenden Tagen regelmäßig mit dem Tod auseinandersetze und mich auch dabei ertappe, entsprechende Vorbereitungen zu treffen, freue ich mich, dass ich meine Arbeit bald wieder aufnehmen kann. Kaum zwei Wochen nach der Entlassung aus dem Spital sitze ich wieder auf meinem Bürostuhl, und dies ist ein gutes Gefühl. Die Arbeit erleichtert mir die Rückkehr in den Alltag. Obschon ich noch lange nicht im Vollbesitz meiner alten Kräfte bin, fühle ich mich wieder besser. Zudem habe ich mich nach langem Ringen dazu entschlossen zu versuchen, mein Amt als Einwohnerratspräsident nicht niederzulegen. Ich möchte Tätigkeiten, die mir Freude bereiten, so lange wie möglich beibehalten. Gleichzeitig beginne ich jedoch zügig, anderen Ballast abzuwerfen. Kräftemäßig bin ich nicht mehr in der Lage, alle meine Ämter zufriedenstellend auszuführen. Somit informiere ich auch mein politisches Umfeld bezüglich meines Gesundheitszustands und meines Entschlusses. Da mein Fernbleiben in den vergangenen Wochen auch in der Öffentlichkeit nicht unbemerkt geblieben ist, entschließen wir uns zu einer Mitteilung in der Presse. Der Tragweite waren wir uns jedoch nicht ganz bewusst. So wird insbesondere das Einkaufen für Regi in den kommenden Wochen zum Spießrutenlaufen – eine große Prüfung mit sehr viel Substanzverlust.

Regelmäßig fahre ich nach Zürich in die Uniklinik. Regi und ich lassen uns beraten und klären ab, ob allfällige vorbeugende Maßnahmen möglich sind. Leider macht uns der Fachspezialist keine großen Hoffnungen. Aktuell ist kein Medikament auf dem Markt, das das schwarze Melanom im Körper erfolgreich bekämpft. Selbst der Schulmediziner gibt uns deutlich zu verstehen, ich könne mir vermutlich nur selber helfen. Was er wohl damit meinen mag?

Im Mai erleide ich zu allem Übel noch einen massiven Bandscheibenvorfall. Nichts Unübliches in meinem Zustand, meinen die Ärzte. In den vergangenen Monaten hatte mir die körperliche Betätigung fast gänzlich gefehlt, und so meldet sich mein Körper nun noch an einer weiteren Schwachstelle. Diese Auskunft hilft mir recht wenig. Insbesondere nimmt sie mir die fast unerträglichen Schmerzen nicht. Jeder Toilettengang, jedes Husten, jedes Lachen wird zur Qual. In einer Schmerzklinik in Brunnen gelingt es, die Situation ohne Operation fürs Erste zu stabilisieren. Gleichzeitig entschließen wir uns zu einer Stärkung des Immunsystems mit diversen komplementärmedizinischen Maßnahmen. Die regelmäßigen Arzt- und Spitalbesuche fordern mich, doch bin ich dankbar für die große Unterstützung. Im Herbst beschließen wir, zusammen mit der Schwiegermutter noch ein paar Tage in der sonnigen Camargue zu verbringen. Dass ausgerechnet die Tage der Erholung durch einen zweiten Diskushernie-Vorfall überschattet werden, finde ich nicht fair. Mein Rücktransport, zusammengekrümmt auf dem Rücksitz unseres Autos, ist zudem für sämtliche Beteiligen alles andere als angenehm.

Das Rückenproblem bekommen wir wieder einigermaßen in den Griff, doch etwas ganz anderes ist mir wichtiger: „Bereits einige Monate sind seit der Tumorentfernung vergangen, und ich lebe immer noch!" Wir werten dies als gutes Zeichen für die Zukunft. Und doch: Die Gedanken an den Tod begleiten mich. Mit zunehmender Dauer bin ich bereit, die Tatsachen zu akzeptieren. Mit dem Geschenk des Erlebten im Gepäck bin ich bereit, so Gott will, die letzte Reise anzutreten. Viel mehr Mühe bereiten mir die Gedanken, was ich alles zurücklasse: Meine Frau, die mich jahrelang begleitet hat, will doch mit mir alt werden. Meine Jungs, kaum flügge geworden, brauchen mich doch noch. Wie steht es also mit meinem Loslassen? Ich spüre: Da liegt noch ein recht großer Stapel Arbeit vor mir.

Und nun sitze ich wieder vor dem Weihnachtsbaum. Noch selten war der Geschmack der Tanne so bestimmt, noch selten leuchteten die Lichter der Kerzen so hell, noch selten war der Genuss des Essens so intensiv. Ich genieße jede Sekunde des Zusammenseins mit unseren Familien und bin einfach nur dankbar, dies erleben zu dürfen. Die Frage, wo ich wohl in einem Jahr sei, ereilt mich wie ein dunkler Schatten. Doch ich gebe diesem nur wenig Raum, blase den Gedanken und den Schatten weg und erfreue mich an den klaren Lichtern. Wer weiß, was in einem Jahr ist – heute ist wichtig, und heute bin ich hier!

Pilgertag 26

Mittwoch, 5. August 2009, El Acebo–Ponferrada
Distanz: 16 Kilometer, 171 m aufwärts, 783 m abwärts,
4 Stunden 15 Minuten unterwegs

Ich erwache später als gewohnt, und so kriechen wir erst um 6.15 Uhr aus dem Schlafsack. Der Tag beginnt gut, ist doch die Spülung der Toilette defekt, was ich leider erst nach der Verrichtung meines Morgengeschäftes bemerke. Dank des überlangen Duschschlauches kann das erste Missgeschick des Tages glücklicherweise leicht behoben werden. Frühstück war ab sieben Uhr versprochen, doch die Spanier nehmen dies nicht so genau. Um 7.15 Uhr sitzen wir dann doch zufrieden vor Milchkaffee und – nein, falsch geraten: keinem Toast, sondern – frischen Gipfelis. Das Warten hat sich somit gelohnt. Dass der Abmarsch mit über einer Stunde Verspätung erfolgt, nehmen wir gelassen zur Kenntnis, führt die heutige Kurzetappe doch zur Hauptsache nach unten.

Der Abstieg gelingt uns gut und wider Erwarten ohne nennenswerte Probleme. Weder meine Knie noch Regis oder Theos Füße schlagen übermäßig Alarm. Leider entscheiden wir uns vor Ponferrada für den längeren Weg, da dieser im Pilgerführer blumig empfohlen wird. Der Weg ist jedoch weder schön noch einfach, und so sind wir nicht traurig, das Ziel eingangs des Ortes Ponferrada bei der schönen, neuen Herberge, benannt nach Niklaus von der Flüe, einem Heiligen aus der Schweiz, erreicht zu haben. Die Hoffnung, dank unserer frühen Ankunft in der großen Herberge einen Logenplatz zu ergattern, zerplatzt wie eine Seifenblase. Obschon wir kaum Pilger sehen, stehen vor dem verschlossenen Haupteingang bereits einige Rucksäcke. Man teilt uns mit, die Herberge öffne erst um vierzehn Uhr, wir dürften die Rucksäcke aber in die Reihe stellen. Wir nehmen dies zur Kenntnis, tun, wie uns geheißen, und gönnen uns zusammen mit Theo in einer nahegelegenen Bar, schön an der Sonne, einen ersten Umtrunk.

Was nun folgt, ist einmalig auf unserer Reise. Bei unserer Rückkehr zu den Rucksäcken stehen bereits über einhundert solcher in der Reihe. Die Pilger sitzen und liegen, wo sie gerade Platz finden, und ich frage mich, woher die nur alle kommen. Pünktlich um zwei Uhr werden die Türen geöffnet. Drei junge Erwachsene, freiwillige Helfer, wie wir später erfahren, kommen nach draußen und bauen einen Tisch auf. Ab jetzt werden sämtliche Personen akribisch erfasst mit Namen, Vornamen und Pilgerpassnummer. Auch die Ankunftszeit wird fein säuberlich von Hand in das große Pilgerbuch eingetragen. Bereits nach knapp zwanzig Minuten sind wir an der Reihe. Nach der Erledigung der Formalitäten und der Entrichtung eines Obolus – die Übernachtung ist hier gratis, Spenden werden dankend entgegengenommen – werden wir von einem älteren Mann zum Zimmer geführt. Die hübsche kleine Kammer enthält zwei Doppelstockbetten, und wir teilen diese mit zwei Soldaten, die uns während des Tages bereits aufgefallen sind. Sie pilgern den Jakobsweg mit Kampfanzug, Perret und Kampfstiefeln, glücklicherweise ohne Waffe. Der Grund ihres Tuns bleibt uns unbekannt, da die beiden nicht sehr gesprächig und lediglich der spanischen Sprache mächtig sind. Es handelt sich jedoch um zwei angenehme Zeitgenossen, und so sollen uns gute, ruhige Stunden von diesem Ort in Erinnerung bleiben.

Das Treiben draußen ist jedoch längst nicht abgeschlossen: Zwischenzeitlich hat sich die Rucksackkolonne nämlich nahezu verdoppelt. Über die Hälfte der Wartenden steht in der prallen Mittagssonne, doch wird dies hier mit stoischer Ruhe akzeptiert. Schließlich gilt es hier eine günstige, saubere Unterkunft zu ergattern. Mein Eindruck steht fest: Dies können unmöglich alles Pilger sein!

Nach dem Kleiderwaschen und der Körperpflege folgt der Mittagsschlaf, und danach begeben wir uns frisch erholt zum Stadtbummel. Die Stadt am Übergang über den Rio Sil und den Rio Boeza lebt von den Bergwerken der Umgebung. Wir besuchen die alten Stadtmauern und die Iglesia de La Encina – wie wir erfahren, früher eine berühmte Wallfahrtskirche. Ich bin mir nicht ganz sicher, ob wirklich alle Wallfahrer wegen des Seelenheils in diese Gegend kamen, wurden hier doch in den nahe gelegenen Bergen über Jahre große Goldreserven abgebaut. Obschon die Kirche schön und schlicht ist, erliegen wir bald dem Lockruf der Gelüste. Ein einfaches Nachtessen und ein Glas Rotwein beenden diesen Tag.

Dachten wir, bei unserer Rückkehr zur Herberge um halb neun sei alles ruhig, so war dies falsch gedacht: Immer noch sind Besucher am Einchecken. Wir erfahren, dass das Gebäude nebst den Vierbettzimmern auch noch über einige größere Schlafsäle in den Keller- und Obergeschossen verfügt. Da diese Schlafplätze an diesem Tag für die Beherbergung aller Besucher nicht ausreichen, werden im Bereich des gedeckten Haupteingangs noch rund achtzig Matratzen ausgelegt. Somit hat auch noch die große italienische Jugendgruppe einen Liegeplatz gefunden.

Wir besichtigen noch die der Herberge nahe liegende Kapelle von Niklaus von der Flüe und stellen dabei erstaunt fest, dass die gesamte Kuppeldecke mit Fresken aus dem Leben des Heiligen versehen ist – ein wahres Schmuckstück neuerer Zeit. Woher die finanziellen Mittel für diese schöne, schlichte Kapelle und die doch sehr großzügige Pilgerherberge stammen, entzieht sich unserer Kenntnis.

Die Sanitäranlagen präsentieren sich wegen der Pilgerflut in entsprechendem Zustand. Die Küche und der Aufenthaltsraum gleichen einem Schlachtfeld, und die italienische Jugendgruppe, die heute kaum weit gelaufen ist, beschließt, bis in die tiefe Nacht hinein zu feiern. Für mich heißt dies wieder einmal, mit Ohrstöpseln zu schlafen.

In dieser Herberge arbeiten mehrere Freiwillige unentgeltlich täglich viele Stunden. Beim Einschreiben wird daher um eine freiwillige Spende für die Übernachtung gebeten. Wie mir im Laufe des Nachmittages durch einen Herbergsbetreuer mitgeteilt wird, bezahlen die Besucher in dieser Jahreszeit im Durchschnitt einen Euro pro Übernachtung. Rechnet man die zehn Euro pro Person, die wir in der Herberge von Nicklaus von der Flüe zurückgelassen haben, so müssen hier tatsächlich viele „Geizhälse" übernachten.

Gedanken des Tages: Billigferien auf dem Jakobsweg mit Gratisübernachtungen in den Pilgerherbergen sind gefragt.

5. August; die von uns am Cruz de Ferro deponierten Steine

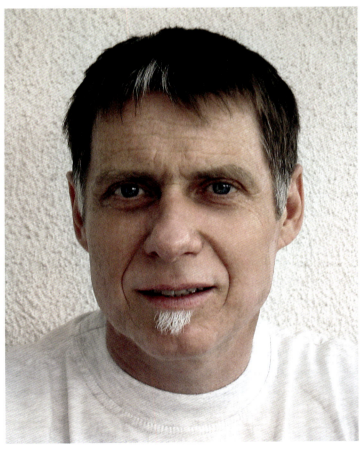
2009, ein von der Krankheit gezeichneter, müder, nachdenklicher, Blick

KAPITEL 14
VERÄNDERUNG

2008 – Mein Kampf mit der Wiedereingliederung

Ich wünsche mir nichts mehr als den Alltag.
 Doch was hat mir dieser gebracht? Ja, viel Befriedigung, viel Bestätigung, viel Arbeit. Und wie geht es weiter? Habe ich nach wie vor dieselben Ziele, suche ich nach wie vor nach derselben Bestätigung? Ganz so einfach kann ich der Rolle, in die ich aus eigenen Stücken, aus eigenem Interesse, mit eigenem Willen geschlüpft bin, nicht entfliehen. Tief im Inneren weiß ich, dass ich meinen Lebensstil, will ich noch ein paar Jahre weiterleben, verändern muss; nur erweist sich dieses Vorhaben nicht als einfach, nein, im Gegenteil: Veränderung will erarbeitet sein.
 Es ist doch viel einfacher, im altbekannten Trott weiterzumarschieren: Kein Fragen von links, kein Suchen nach rechts, nein, geradeaus ist der Weg bekannt, verläuft ohne Hindernisse und ist doch ganz leicht zu bewältigen. Aber geradeaus bedeutet: „gleichbleibende Geschwindigkeit, gleichbleibende Belastung, gleichbleibender Druck und – als Folge – gleichbleibende Gesundheit". Kann ich dies denn verantworten?
 Ich wünsche mir nichts mehr als den Alltag.
 Keine Spitalbesuche, keine Arztvisiten, keine Nachfragen nach meinem Gesundheitszustand, kein Hinterfragen, ob das, was ich gerade mache, auch wirklich gesund ist. Mir fehlt zu alldem doch ganz einfach die Kraft! Es ist doch zum Heulen! Wie nur finde ich heraus aus meinem Drang nach Alltag und stupider Normalität?

Im Traum hebe ich ab, fliege davon und bin weit weg in einer andern Dimension:

Losgelöst über den Wolken
Kein Rauschen, kein Pfeifen, kein Laut dringt an mein Ohr,
und trotzdem
wie ein freier, schwebender Vogel komm ich mir vor;
abgehoben von jeder Wirklichkeit das JETZT spürend
und trotzdem
mit raumgreifenden Schritten zum Aufbruch bereit;
Hügel, Wälder, Seen und Flüsse: alles unendlich klein
und trotzdem
tiefes Bewusstsein, ein Teil dieser Welt zu sein;
unbekannte Geräusche als Verbindung zur Hektik der Zeit
und trotzdem
mit Distanz zur Erde zum inneren Loslassen bereit;
unbekannte Schwingungen bringen Wallung ins Blut
und trotzdem
große beruhigende Dankbarkeit spürend – alles wird gut.

Die Veränderung wartet – wage ich den Schritt?

Pilgertag 27

Donnerstag, 6. August 2009, Ponferrada–Villafranca del Bierzo
Distanz: 26 Kilometer, 424 m aufwärts, 451 m abwärts,
7 Stunden 15 Minuten unterwegs

Der Ausmarsch aus Ponferrada gestaltet sich eher mühsam, doch das ist für uns alte Pilgerhasen ja nichts Neues. Unmengen von Pilgern sind unterwegs, mindestens zweihundertfünfzig dieser Spezies verlassen zwischen fünf und sieben Uhr die Herberge. Wir wünschen dem Reinigungsteam einen langen Atem.

Mein Darm verursacht, wie so oft am Morgen, unnatürliche Geräusche und schreit förmlich nach erlösender Veränderung. Doch weit und breit keine Möglichkeit, nur gerade Wege, keine Sträucher oder Bäume. Mein Schritt wird ungelenk, die Signale aus der Magengegend fordernder. Nach gut einer Stunde Marschzeit ist eine Bar in Sicht. Nur nicht zu schnell laufen, sonst passiert das Unglück doch noch! Was folgt, ist trotz kleiner Ursache die große Erlösung. Nach solcher Pein schmecken sogar der Milchkaffee und das Bocadillo wieder!

In der Folge gestaltet sich der Weg sehr angenehm. Waldstücke, Rebberge und offene Strecken wechseln sich munter ab. Die Aussicht ist zeitweise prächtig, und so gelangen wir mühelos zum nächsten Pausenhalt. Gestärkt dank Verpflegung aus dem „Tante-Emma-Laden" in Carbelos, schweben wir bereits unserem Etappenort entgegen. Von Osten her in Villafranca del Bierzo einmarschierend, sehen wir als Erstes die Iglesia de Santiago. Der aus dem zwölften Jahrhundert stammende romanische Bau zeigt zum Pilgerweg gewandt das Nordportal, die Puerta del Perdón. Das Tor der Vergebung hat eine besondere Bedeutung: Wer auf dem Pilgerweg erkrankte und nicht mehr weiterziehen konnte, bekam bereits hier die Absolution. Der nahe gelegene Pilgerfriedhof zeigt auf, dass dies oft notwendig war.

Es ist schon ein merkwürdiger Zufall, dass ausgerechnet in diesem Ort die große öffentliche Pilgerherberge geschlossen ist. Als Grund wird uns ein Krankheitsfall in der Herberge genannt. Zur Verhinderung der weiteren Ausbreitung wurde die gesamte Anlage desinfiziert und für einen Tag geschlossen. So ist es leicht zu erklären, dass es in diesem Ort nicht ganz einfach wird, ein Bett zu finden. Da wir aber bereits seit mehr als sieben Stunden unterwegs sind, beschließen wir doch, dieses Vorhaben in die Tat umzusetzen. Und wie heißt es so schön: Den Tüchtigen gehört das Glück. Bereits beim zweiten Anlauf finden wir eine nette, saubere Unterkunft, die, wie man uns verspricht, ohne Seuchengefahr ist.

So beruhigt, fällt der Mittagsschlaf besonders friedlich aus. Danach entschließen wir uns zu einem Stadtbummel. Langsam, aber sicher machen wir uns auch über die Rückreise und deren Form erste Gedanken. In einem Internetshop überprüfen wir die Flugpreise und stellen beruhigt fest, dass für unsere möglichen Rückreisetermine noch freie Plätze vorhanden sind. Danach gilt es den nächsten Tag ein wenig zu planen. Die Etappe nach O Cebreiro, in Richtung eines bekannten Ausflugsortes, wird hart, und wir möchten dort nicht ohne gesicherten Schlafplatz ankommen. Im örtlichen Touristenbüro werden wir rührend umsorgt. Trotz diverser Anrufe ist es der netten Dame nicht möglich, für uns Betten zu reservieren. Die Antwort am andern Ende der Leitung ist immer dieselbe: «Todo completo.»

Mit der Gewissheit, dass es vor O Cebreiro noch Herbergen gibt, die nicht reserviert werden können, und dass auch die öffentliche Herberge in O Cebreiro viel Platz bietet, beenden wir das Unterfangen erfolglos. Bereits vor zehn abends Uhr stecken wir beide wohlig unter der Bettdecke, gilt es doch für die morgige Bergetappe genügend Kraft zu sammeln.

Gedanken des Tages: Kann denn so viel Zufall möglich sein?

2008 – Eine vollwertige Arbeitskraft

In den Jahren vor der erneuten Erkrankung hatte ich mich vorwiegend über meine Leistungen definiert. Dies ist an meinem neuen Arbeitsplatz aus meiner Sicht bisher nicht möglich. Nur wenige Monate nach Stellenantritt erkrankt, von meiner ursprünglichen Leistungsfähigkeit meilenweit entfernt, drückt dieser Zustand massiv auf mein Selbstwertgefühl. Ich habe meine persönliche Messlatte stets hoch gehalten, doch dies wird mir nun zum Verhängnis. Alleine die Tatsache, nicht zu hundert Prozent einsatzfähig zu sein, wirkt auf mich bedrückend. So versuche ich immer wieder ein möglichst großes Pensum zu arbeiten – und werde wieder zurückgeworfen. Einen Schritt vor, einen Schritt zurück: ein komischer Pilgerschritt.

Es ist nicht mein Umfeld, nicht mein Vorgesetzter, nicht der Arbeitgeber, der mich drängt. Es ist mein innerer Wille, mich zu bestätigen. Ich will mir auf diesem Weg selber beweisen, dass ich noch etwas wert bin. Kein drängendes Wort, keine negative Bemerkung, im Gegenteil: Das berufliche Umfeld stützt und trägt mich! Wohin bin ich hier nur geraten?

Die Spannungen im privaten Umfeld kommen schleichend. Meine Frau sieht und spürt, dass es mit der Umsetzung meiner Versprechungen, für mich nun mehr Sorge zu tragen, kaum klappt. Meine Rückfragen beim Arzt, wie viel ich denn arbeiten müsse oder solle, führen zu schwammigen, für mich unbrauchbaren Antworten: „Patienten mit Ihrer Diagnose entscheiden selber, wie viel sie arbeiten können. Einige arbeiten gar nicht, andere fast einhundert Prozent", lautet etwa eine Antwort. Auch die Aussage: „Nehmen Sie sich Zeit, genießen Sie das Leben", bringt mich nicht weiter. Ich brauche kein unbefriedigendes Herumsitzen, kein stoisches Nichtstun. Ich brauche die Bestätigung, dass ich noch zu etwas zu gebrauchen bin!

Wie viele Patienten in der gleichen Lage beschäftigt mich oft der Gedanke, was ich in der verbleibenden Zeit Sinnvolles tun möchte. Nur ist für mich als nicht so einfach gestricktes Gemüt diese Frage nicht einfach zu beantworten. Sicher ist: Ich brauche weder große Reisen noch materiellen Luxus. Viel stärker wünsche ich mir, mit gutem Gewissen endlich ein wenig herunterfahren zu können. Doch das ist leichter gesagt als getan. Gute Ratschläge empfangen, ja, das kann ich inzwischen ausgezeichnet. Gute Ratschläge auch umzusetzen, dies fällt mir dann wesentlich schwerer. Ich weiß, dass ich vieles erreicht habe; ich weiß, dass ich mich niemandem mehr beweisen muss. Ich weiß so viel, und doch weiß ich gar nichts.

Langsam wird mir klar: So wie früher wird es nie mehr. Es geht nun darum, wie ich den Begriff „vollwertige Arbeitskraft" definiere. In meinem Kopf muss es stimmen, schlussendlich nur dort!

Ich spüre, dass eine ruhigere Gangart mit weniger Druck mir durchaus mehr Lebenserfüllung und dem Körper die so dringend benötigte Ruhe bringen kann. Und wieder weiß ich etwas, und wieder wird bis zur Umsetzung der Weg steinig und hart.

Pilgertag 28

Freitag, 7. August 2009, Villa Franca del Bierzo–O Cebreiro
Distanz: 30 Kilometer, 1 030 m aufwärts, 340 m abwärts,
7 h 30 min. unterwegs

Kurz nach sechs Uhr morgens stehen wir in noch großer Dunkelheit vor der Tür unserer Unterkunft: Schulterriemen festgezurrt, Stöcke eingeklinkt, abmarschbereit. Wir sind froh, dass wir am Vorabend den Verlauf des Weges rekognosziert haben, ist es doch noch stockdunkel. Die ersten Kilometer sind wir vollkommen alleine. Obschon wir dem Verlauf der Straße folgen, sind wir nicht sicher, ob wir hier wirklich richtig sind. So beruhigt es uns, als es nach rund einer Stunde heller wird und wir die wohlbekannten Wegmarkierungen in Form der Jakobsmuschel wiedererblicken.

Der Weg zeigt sich nun recht abwechslungsreich, obschon wir parallel zur Hauptstraße laufen. Schlagartig nimmt der Verkehr massiv zu. Ein Blick nach oben zeigt uns auch gleich, warum: Die im Hang verlaufende Nationalstraße N 6 ist komplett gesperrt. Nun wird der gesamte Verkehr über die Regionalstraße umgeleitet – Zustände wie in der Schweiz. So sind wir froh, dass wir nach rund zwanzig Marschkilometern die Straße in Richtung Hochgebirge verlassen können.

Kurze Zeit später treffen wir auf eine ganz kleine Pilgerkapelle mit nur wenigen Plätzen. Wir stellen die Rucksäcke auf den Boden und lassen uns einen Moment Zeit zum Verweilen. Die blonde Pilgerin Larke aus dem Norden singt spontan ein schönes Lied und verhilft so dem kleinen Raum zu zusätzlichem Flair. Da mir der fehlende Schlafplatz von heute Abend leicht auf den Magen drückt, deponiere ich meine Sorge an diesem ruhigen Ort. Danach ist der Magendruck weg und bleibt für längere Zeit verschwunden.

Unterwegs erstehen wir in einer schlichten Herberge für mich ein handgefertigtes Pilgerkreuz eines Templerordens. Das Marschieren geht heute wirklich fast wie von selbst. Sogar als der Weg immer steiler wird, spüren wir keine der sonst so bekannten Verschleißerscheinungen. La Faba lassen wir links liegen, das heißt: nicht ganz. Wir stecken heute in einem kleinen Kaufrausch, und so erstehen wir beim Refugio-Vegetario, einer alternativen Bude mit einem augenscheinlich bekifften Leiter, einen schönen, tiefblauen Lapislazuli, Regis Lieblingsstein.

Wir sind bereits kräftig in die Höhe gestiegen, und dichte Nebelschwaden beginnen uns zu umgeben. Die auf den nun tiefgrünen Wiesen weidenden Kühe begrüßen uns freundlich und lassen uns in stoischer Ruhe passieren. Pilger bringen in dieser Gegend keine Kuh aus der Fassung. In La Laguna fragen wir erstmals nach einer Unterkunft. Im Refugio der Stuttgarter Pilgerbruderschaft erhalten wir jedoch diejenige Antwort, die wir schon erwartet hatten: „Alles voll – kein Bett frei." Die Anlage, inmitten einer Weide gelegen, vom Dung der Kühe umgeben, präsentiert sich auch sonst nicht gerade freundlich und lädt nicht einmal zu einer kurzen Stärkung ein. So abgewiesen, entschließen wir uns zum Weitermarsch bis O Cebreiro. Kräftemäßig ist dies glücklicherweise kein Problem, zudem gleichen ein Mars-Riegel und zwei Getreideriegel den Energiemangel wieder aus.

In O Cebreiro angekommen, stellen wir fest, dass hier eine steife Brise weht. Es herrscht dichter Nebel, und wir erkennen kaum die hübschen, keltischen Häuser; schade. Der viel gerühmte Ausflugsort mit den reich verzierten, imposanten Strohdächern hätte sich uns schon von einer angenehmeren Seite präsentieren dürfen.

Auf direktem Weg begeben wir uns zur öffentlichen Pilgerherberge am Ortsrand. Dass im Garten bereits ein kleines Zelt steht, lässt uns unseren Schritt nicht verlangsamen, strömen doch weitere Pilger in dieselbe Richtung. Obschon erst zwei Uhr, steht hinter dem Eingang eine lange Warteschlange. Da uns die Höhenkilometer nun doch ein wenig zugesetzt haben, entschließen wir uns nach kurzer Diskussion, den Rucksack ebenfalls einzureihen. Vor uns stehen sicher sechzig wartende Pilger, und hinter uns werden es immer mehr. Mit zunehmender Wartedauer mache ich mir langsam Sorgen bezüglich des Fassungsvermögens dieses nicht allzu großen Gebäudes. Nach einer knappen Stunde Wartezeit, wir stehen direkt beim Eingang, kommt eine resolut wirkende Frau nach draußen, hebt die Hand mit ihren ausgestreckten fünf Fingern und ruft: „Cinco"! Sofort wissen wir, was sie meint. Fünf freie Schlafstellen hat das Haus noch zu bieten. Vor uns warten lediglich noch zwei Personen, und so erhalten wir überglücklich das dritt- und zweitletzte Bett.

Die Unterkunft erweist sich als fast neu, die Betten sind super, und die kleine Japanerin neben mir, die das letzte Bett erhalten hat, leuchtet noch fast mehr als Regi und ich zusammen. Eines frage ich mich in diesem Moment trotzdem: „Wie können es die nicht wenigen Personen in dieser Herberge, die heute mit Sicherheit keinen Meter des Berges erklommen haben, vor ihrem Gewissen verantworten, dass sie den echten Pilgern das Bett wegnehmen?" Körperumfang, Kleidung und Schuhwerk einzelner Gäste weisen klar darauf hin, dass es noch andere Möglichkeiten als den Pilgerweg geben muss, um an diesen Ort zu gelangen. Nun wird uns auch langsam klar, wieso wir heute unterwegs immer wieder Taxis mit Rucksäcken und menschlicher Fracht gesichtet haben. Hier sind es also nicht die Buspilger, die die Herbergen überfüllen, sondern die Taxipilger. Später erfahren wir, dass die etwa fünfzig überzähligen Pilger nach drei weiteren ungemütlichen Stunden Wartezeit mit dem Bus in das Nachbardorf geführt worden sind. Dort fanden sie eine Unterkunft in einer alten Turnhalle, jedoch ohne Matratzen am Boden und ohne warmes Wasser zum Duschen. Immerhin lässt man die Pilger hier nicht im Regen stehen. Apropos Regen: Beim Warten vor der Herberge zogen wir uns erstmals auf der gesamten Reise sämtliche zur Verfügung stehenden warmen Kleider an, also Langarmhemd, Windbrecher und Wanderjacke, die Hosenbeine auch unterhalb der Knie montiert. Trotz guter Ausrüstung sind wir mehr als dankbar, nun frisch geduscht auf unserm Bett zu liegen. Dazu kommt, dass wir auf unsere heutige Leistung richtig stolz sind.

Der heutige Übertritt aus der Region Léon nach Galizien ist somit geglückt. Das Klima ist rauer und die Landschaft nun üppiger. Es ist erstaunlich anzusehen, wie sich die Landschaft in wenigen Tagen – wir sind schließlich zu Fuß unterwegs – komplett verändern kann. Zu ungewohnter Zeit, nämlich bereits um vier Uhr, belohnen wir uns mit einem ausgiebigen Pilgermenü. Die Kälte und der Hunger lassen uns die warme Mahlzeit richtig genießen. Auch der frische Rotwein ist genau nach unserem Geschmack. Die Besichtigung der schlichten, keltischen Kirche wird ebenfalls zum Erlebnis, und wir entzünden aus Dankbarkeit für den heute so gelungenen Tag gemeinsam eine Kerze.

Wir freuen uns bereits heute auf den morgigen Pilgerweg durch das abwechslungsreiche Keltenland.

Gedanken des Tages: Unser tiefes Vertrauen wurde belohnt.

Aufstieg ins Land der Kelten

KAPITEL 15
UNTERWEGS AUF DEM WEG

2009 – Die Vorbereitungen

Das vergangene Jahr war wirklich happig. Aus diesem Grund drängt sich mir zu Beginn des Jahres 2009 ein zweiwöchiger stationärer Aufenthalt in der Privatklinik in Brunnen auf. Ungern gehe ich von zu Hause weg, doch ich bin überzeugt, dass mir die verschiedenen Therapien neue Kraft und Energie geben. Zudem kann ein weiterer Aufbau des Immunsystems für meinen Körper nur von Vorteil sein.

Von meinen Arbeitskolleginnen und -kollegen habe ich das Hörbuch „Ich bin dann mal weg" eines deutschen Komikers erhalten. Bis dato kein typischer Freund von Hörbüchern, fesselt mich die Geschichte von Hape Kerkeling und seinen Erlebnissen auf dem Jakobsweg ab der ersten Minute. Die letzten Worte sind noch nicht gesprochen, da weiß ich ganz genau, was ich dieses Jahr noch machen werde. Obschon meine Frau Fußmärsche eigentlich hasst (ihre eigenen Worte), frage ich sie bei der nächstbesten Gelegenheit, ob sie mich im kommenden Sommer auf dem Jakobsweg begleiten würde. Bei meiner Frage gehe ich davon aus, dass ich zuerst das Warum und Wozu beantworten muss und es danach eine längere Diskussion geben wird. Aus reiner Vorsicht habe ich eine ausführliche Argumentation vorbereitet. Doch was auf meine Frage folgt, ist weder das erwartete „Was soll das?" noch eine Diskussion. Nein, einmal mehr werde ich von meiner Frau komplett überrascht, sagt sie doch ganz einfach: „Ja, klar, mache ich."

Bereits in den Vorjahren waren uns in Arles und Montpellier die im Boden eingelassenen Muscheln aufgefallen, und Regis persönliche Erkundigungen hatten ergeben, dass dies Wegmarkierungen des Jakobsweges waren. Somit ist mir meine liebe Angetraute bereits wieder um Nasenlängen voraus, und meine ganzen schönen Argumente habe ich für die Katz zusammengestellt!

So beschlossen, beginnen wir umgehend mit den notwendigen Vorbereitungen. Bei den Arbeitgebern klären wir zuerst die Möglichkeit ab, sechs Wochen zusammenhängend Ferien zu machen. Nachdem dies an beiden Orten wider Erwarten ohne große Opposition bewilligt wurde, folgen die nächsten Schritte. Es gilt gutes Schuhwerk und die notwendige Ausrüstung zu beschaffen, damit so schnell wie möglich mit dem Training begonnen werden kann. Zudem lesen wir von diesem Moment an ausschließlich Literatur über den Jakobsweg. Keine Angst: Wir lernen die Pilgerführer nicht auswendig, nein, aber es gibt ja bereits so viel Spannendes von diesem mystischen Weg zu lesen. „Zwei Esel auf dem Jakobsweg" von Tim Moore und „Die Pilgerin" von Iny Lorentz werden ebenso verschlungen wie Brigitta Heinrichs „Noch ein Schritt zum Glück" oder „Weg der Erkenntnis" von Carlo Weichert. So erhalten wir wirklich eine breite Vielfalt von Ideen und Eindrücken dessen, was uns erwartet.

So sieht man uns an den Wochenenden jeweils bewaffnet mit Rucksack und Wanderstöcken in irgendeine Richtung von unserem Haus wegmarschieren. Die so antrainierten Marschkilometer kräftigen nicht nur unsere Körper, sondern geben uns auch die Gewissheit, das Abenteuer gut vorbereitet in Angriff zu nehmen.

Nun müssen natürlich auch noch meine Ärzte ihr Einverständnis für die Reise geben. Auch von dieser Stelle erhalte ich ohne große Gegenargumente grünes Licht. Die Ärzte geben mir jedoch diverse Tipps und Ermahnungen mit auf die lange Reise. Ganz deutlich gibt man mir zu verstehen, dass ich den Erschöpfungszustand zwingend vermeiden müsse, da dies für mich irreparable Folgen haben könnte. Zu diesem Punkt kann ich die Gesundheitsspezialisten beruhigen, läuft doch mein zweites Gewissen an meiner Seite.

Der Juli naht, die Zugsbillette sind gebucht, unserem bevorstehenden Abenteuer steht nichts mehr im Weg!

Pilgertag 29

„28 Wandertage, einige Hundert Marschkilometer und viele Erlebnisse später"

Samstag, 8. August 2009, O Cebreiro–Tricastela
Distanz: 21 Kilometer, 406 m aufwärts, 1 040 m abwärts,
5 Stunden unterwegs

Bereits um vier Uhr läuten die ersten Wecker. Viel Zeit vergeht bis zum Abstellen, zudem ist es selbstverständlich, dass derselbe Nerventöter uns wenig später nochmals seine Funktionalität beweist. Natürlich sind es die Wecker derjenigen Personen, die gestern Nachmittag um fünfzehn Uhr laut schnarchten und nach dreiundzwanzig Uhr noch mit der Taschenlampe Tagebuch führten und dabei alle andern am Schlafen hinderten. Trotzdem gelingt es mir nochmals einzuschlafen, und so stehen wir heute erst um sechs Uhr auf. Vor der großen Hitze müssen wir nicht mehr fliehen, und so lassen wir den Tag gemütlich angehen. Um 7.15 Uhr entfernen wir uns im dichten Nebel und daher noch bei großer Dunkelheit von der Herberge.

In Unkenntnis des Wegverlaufs irren wir zuerst ein wenig planlos im Nebel umher. Anderen Pilgern ergeht es ähnlich. Nach längerer Suche, ohne der Verlockung nachzugeben, einfach anderen hinterherzulaufen, entdecken wir plötzlich direkt hinter der Herberge den Wegweiser. Kaum eine Stunde gelaufen, befinden wir uns schon wieder inmitten einer Pilgerschar, heute zu unserem Erstaunen mit einigen neuen Gesichtern. Der Pilgerweg führt uns durch dichte galizische Wälder, doch leider sehen wir von der Natur fast gar nichts. Wir marschieren an diesem Morgen fast im Blindflug vorwärts. Liñares, Alto de San Roque und Hospital sind Ortschaften, an denen wir vorüberziehen, ohne sie wirklich wahrgenommen zu haben. Glücklicherweise sind unsere Navigationssysteme auf solcherlei Wetter getrimmt, und so bewegen wir uns von Milchkaffee zu Milchkaffee vorwärts. Die Pausen bleiben jedoch kurz, denn irgendwie erweist sich die frische, feuchte Bergluft sehr günstig für unser Marschtempo.

Auch unsere Blicke auf Alto de Poio, Fonfría und Biduedo sind getrübt, und so ist es nicht weiter erstaunlich, dass wir bereits kurz nach zwölf in Tricastela eintreffen. Sofort checken wir im Albergue „Berce de Camiño" ein. Obschon sich das Bett wieder einmal als bessere Hängematte erweist, treffen wir hier auf einen bis anhin nicht gekannten Luxus: eine elektrische Waschmaschine, die, mit einem Euro gefüttert, nahezu unsere sämtlichen Kleidungsstücke wäscht. Bleibt nur zu hoffen, dass die Maschine die Kleider auch wieder ausspuckt und diese bis morgen trocken sind. Zwischenzeitlich sind wir jedoch unterhalb der Nebelgrenze angelangt, und zudem weht ein feines Lüftchen. So sind wir guter Dinge, die morgige Etappe dann frisch duftend in Angriff zu nehmen.

Tricastela sollte eigentlich „Tristcastela" heißen, denn in diesem verschlafenen Nest ist nun wirklich überhaupt nichts los, und ich bin überzeugt, dass dessen gesamte Existenzberechtigung mit dem Jakobsweg in Zusammenhang steht. Die noch trockenen warmen Kleider und die am Vortag von Hand gewaschenen Reservesocken sind montiert. So ausgestattet, begeben wir uns auf die Suche nach etwas Flüssigem.

Kaum den Ortsbummel begonnen, sehen wir Theos unverkennbaren Pilgerschritt. Er hat auf dem Weg bereits mehrere Paar Walkingstock-Gummistutzen zerschlissen, da seine Stöcke mehrheitlich nach hinten hängen und auf dem Boden nachgeschleift werden. Seine Bemühungen, hier eine Unterkunft zu finden, scheitern vorerst kläglich, scheint doch bereits alles ausgebucht zu sein. Da er trotzdem nicht mehr weitergehen will, setzen wir uns zu einem gemeinsamen Bier in eine Bar und beratschlagen, was zu tun sei. Im Verlaufe unserer Diskussion gesellt sich Sandra aus Deutschland zu uns. Mangels Alternative hat sie sich ein an und für sich zu teures Zweibett-Gästezimmer gebucht und ist nun nur zu gerne bereit, Theo für den halben Zimmerpreis eine Schlafstelle anzubieten.

Später treffen wir uns alle zum gemeinsamen Nachtessen. Schlussendlich sitzen acht Personen an unserem Vierertisch, wir

unterhalten uns köstlich mit den alten und neuen Bekanntschaften und vergessen ob der Weinseligkeit fast die Zeit.
Gedanken des Tages: Genau so muss der Weg sein.

Pilgertag 30

Sonntag, 9. August 2009, Tricastela–Sarria
Distanz: 21 Kilometer, 515 m aufwärts, 710 m abwärts,
6 Stunden 30 Minuten unterwegs

Kaum auf der Straße, sehen wir zwanzig Meter vor uns Theo und Sandra. Schon gilt es eine Entscheidung zu treffen, kann doch heute zwischen zwei Routen ausgewählt werden. Die Alternativroute führt vorbei am Kloster Samos, ist vier Kilometer länger, doch wird sie als um einiges interessanter angepriesen. Theo entschließt sich mit uns für die Alternativroute, Sandra wählt den direkten Weg, da sie noch nicht genau weiß, ob für sie heute in Sarria wirklich bereits Schluss ist. Somit heißt es Abschied nehmen. Wir marschieren nach links, Sandra nach rechts.

Die ersten zehn Kilometer sind sehr abwechslungsreich: traumhafte Landschaft, schöne Wege und immer ein Auf und Ab. In einem Waldstück genießen wir an einem Steintisch den Mittagslunch und stellen fest: So könnte es ewig weitergehen. Oberhalb des Klosters bietet sich uns eine tolle Aussicht über die gesamte Anlage. Allein dieser Blick ist den Umweg schon wert. Beim Erreichen des Ortes entscheiden wir uns noch vor der Klosterkirchenbesichtigung für ein ausgiebiges Morgenessen. Erstmals werden auf demselben Stuhl aus dem einen Kaffee gleich zwei, und so genießen wir die wohlverdiente Pause.

Der Besuch der Klosterkirche, ein wahrer Kraft-Ort, ist mit Rucksack nicht erlaubt. Wir sehen auch nahezu keine Pilger, befinden wir uns doch hier, wie bereits erwähnt, auf einem längeren Alternativweg. Leider werden wir wenig später erfahren, dass uns unser Pilgerführer einen Teil der Wahrheit vorenthalten hat. Nach Samos marschieren wir längere Zeit entlang der Straße, vorerst wenigstens auf einem separaten, schmalen Kiesweg. Danach wechseln wir auf die Asphaltstraße, und da sich der Pilgerweg plötzlich in zwei Richtungen teilt, fällt der Entscheid spontan auf die vermeintlich kürzere Route. Was nun folgt, ist eine einzige Katastrophe. Wir laufen acht Kilometer weit direkt neben, manchmal sogar auf der Hauptstraße. Die Autos passieren uns in einem Abstand von zwanzig Zentimetern, zudem grüßen uns deren Lenker oft mit lautem, „freundlichem" Hupen. Zum Glück ist wenigstens Sonntag; kaum vorstellbar, wenn auch noch Schwerverkehr auf dieser spanischen Rennbahn unterwegs wäre. Drei Kilometer vor Sarria sind wir heilfroh, in einer Bar eine erfrischende Coca-Cola – bitte nur nicht: eine Cola, dies könnte zu Verwirrungen führen („la cola" kann auf Spanisch auch mit einem Schwanz verwechselt werden) – und ein feines, frisches Bocadillo bestellen zu können. Da lassen uns sogar die neckisch lachenden Blicke der ebenfalls in der Bar anwesenden Polizisten unberührt. Die letzten drei Kilometer marschieren wir dann mehr schlecht als recht, mehrheitlich schweigend, zu unserem Etappenziel Sarria.

Sarria ist wieder eine etwas größere Ortschaft, und so organisiere ich beim Einmarsch zuerst neue Schnürsenkel, da derjenige des linken Schuhs am Vortag gerissen ist und behelfsmäßig zusammengeknöpft werden musste. Der so entstandene Knoten hat den ganzen Tag eine Druckstelle verursacht, und so bin ich heilfroh, die leuchtend orangen Bändel sofort einziehen zu können. Die von uns im Voraus telefonisch gebuchte Herberge finden wir auf Anhieb nahe dem Ortsende. Sämtliche vorherigen Herbergen waren schon besetzt, und so sind wir dankbar, hier die letzten Betten in einem großen Zimmer beziehen zu können. Der Herbergsleiter teilt uns mit, dass es ab hier an sämtlichen Etappenorten sehr schwer werde, Betten zu finden. Aus diesem Grund reservieren wir gleich jetzt in einer privaten Unterkunft in Portomarin die Schlafgelegenheiten an unserem morgigen Etappenort. Danach folgen der obligate Mittagsschlaf, das Wäschewaschen und das verdiente Bier.

In der Bar führe ich bei der Bestellung eine gemütliche Unterhaltung mit dem Gastwirt, der bis vor einem Jahr in Genf gelebt hat und daher sehr gut Französisch spricht. Das Problem ist nur, dass Regi und Theo in dieser Zeit fast verdursten. Vor meinem Auftauchen beabsichtigen die beiden gerade eine Vermisst-Meldung durchzugeben.

Damit das Bier nicht zu sehr in den Kopf steigt, ordern wir gleich auch noch ein Pilgermenü. Dieses schmeckt ausgezeichnet, und bereits um neun Uhr sind wir wieder in der Herberge. Der Herbergsleiter hatte uns zuvor noch einen Schnaps versprochen, und so begeben wir uns auf direktem Weg zur Gartenlaube. Tatsächlich stehen dort vier Flaschen Hochprozentiges zum freien Genuss. Zudem lädt ein gemütliches Feuer zum stimmigen Ausklang des Abends ein.

Mit einer unbekannten Pilgerin aus unserem Zimmer entwickelt sich schnell ein intensives Gespräch. Sie erzählt, sie habe vor drei Jahren ihren Mann verloren und sei danach in ein großes schwarzes Loch gefallen. Dank der Kraft des Weges habe sie nun auch die unliebsamen Dinge, die sie ihrem verstorbenen Ehemann noch zu Lebzeiten gesagt hatte, ablegen können. Wir genießen die innigen Stunden der Plauderei und merken kaum, dass es plötzlich elf Uhr nachts ist. Sehr ruhig, wie anständige Schweizer Pilger dies halt so tun, schleichen wir uns ins Nachtlager und schlafen alsbald tief und fest wie die Murmeltiere.

Gedanken des Tages: Der Weg kennt viele Schicksale.

Pilgertag 31

Montag, 10. August 2009, Sarria–Portomarín
Distanz: 22 Kilometer, 636 m aufwärts, 717 m abwärts,
5 Stunden 30 Minuten unterwegs

Auf die heutige Tagesetappe freuen wir uns ganz besonders, gilt es doch über zwei Dutzend Dörfer und Weiler zu passieren. Vorbei das triste Gelbgrau, vergessen die Einöde der Meseta. Die Erbteilung hat hier im Land der Corredoiras die Landschaft in handtuchkleine Stücke zerlegt. Diese wurden nur an einzelnen Stellen wieder zusammengefügt. Alte, steinige Wege zerteilen dieses Land, Wasserläufe durchtrennen es wie früher eine Furt und werden auf extra zu diesem Zweck gesetzten Trittsteinen gequert.

Wir starten wieder recht früh, verlassen das Zimmer flüsternd, denn einige der Langschläfer sind noch tief im Land der Träume. Joghurt und Kaffee aus dem Automaten bilden unser Morgenessen, und sehr schnell starten wir den Wandertag. Kurz nach sechs Uhr atmen wir in tiefen Zügen die noch wunderbar kühle Nachtluft ein. Kaum wird es heller, stellen wir fest, dass wir nahezu in Einerkolonne laufen. Der Leiter der Herberge hatte recht: Sarria ist der Einstiegsort für die letzten zusammenhängenden einhundert Kilometer bis Santiago. Diese Strecke muss für die so heiß begehrte Pilgerurkunde zurückgelegt werden. Für einen echten Spanier ist dieses Dokument an der Stubenwand schon fast Pflicht. Auch bei der Vergabe von Arbeitsstellen, so erzählt man uns, erweise sich die Pilgerurkunde neben dem Bewerbungsschreiben nie als Nachteil.

Nun gilt es, sich zuerst an die Menschenflut zu gewöhnen. Als mir bewusst wird, dass der Weg nicht nur auf mich gewartet hat, ertrage ich das fortwährende Schnattern hinter und vor mir besser. Auch an die zunehmenden „Buen camino"-Rufe der Radfahrer, die sich dadurch erzwingen, dass wir zur Seite gehen, gewöhnen wir uns. Nur war ich bisher der Meinung, Velopilger müssten für die Urkunde zweihundert Kilometer vor Santiago starten! Trotzdem genießen wir die Stunden des Wanderns einmal mehr, der Sonnenaufgang ist absolut atemberaubend, die Landschaft schlicht wunderbar und die Fotosujets unzählig. Ob solch großer Vielfalt ist es kaum verwunderlich, dass wir nach nur zwei Pausen und fünfeinhalb Stunden Marschzeit bereits in Portomarín eintreffen. Das Dorf steht erst seit 1962, meinem Geburtsjahr, so hoch oben am Hang. In diesem Jahr wurde nämlich der große, davor befindliche Stausee mit Wasser gefüllt, wobei der Brückenort samt seinen alten Häusern in den Fluten versank. Nur die wichtigsten Bauten inklusive der romanischen Kirche San Juan wurden in akribischer Kleinarbeit ab- und im Hang über dem See wieder aufgebaut. Wir überqueren nun den Staudamm Belesar, danach erklimmen wir eine etwas fremd anmutende riesige Treppe und gelangen auf diesem Weg in Richtung Ortszentrum.

Kopfschüttelnd stellen wir fest, dass Dutzende von Pilgern eine Unterkunft suchen und sich in der örtlichen Turnhalle auf dem nackten Boden bereits an die einhundert Personen niedergelassen haben. So entscheiden wir uns, in der in weiser Voraussicht am Vorabend gebuchten Herberge schweren Herzens auch für die drei letzten Nächte Unterkünfte zu reservieren. Wir rauben uns dadurch einerseits die Freiheit der Wahl der Streckenlängen, denn diese richten sich nun nach freien Betten. Anderseits ist die Sicherheit, am Abend nach dem langen Marsch ein Bett zu haben, einfach wohltuend. Wir bemerken erstaunt, dass Dreibettzimmer viel leichter zu finden sind, und entschließen uns umgehend, die letzten Abende und Nächte mit Theo in einem solchen zu verbringen.

Nach zwei Stunden harter Arbeit und über zwanzig Telefonanrufen sind die Übernachtungsmöglichkeiten bis Santiago gesichert. Sogar die Nächte, die wir in Santiago zu bleiben beabsichtigen, sind gebucht. Die Adresse von Padre Rodrigo war ein Volltreffer, das Telefongespräch mit Maria Jesus mehr als sympathisch, und so sind wir mit uns und der Welt komplett zufrieden. Kurze Zeit später entdeckt Theo den Code des hiesigen WLAN, und so buche ich danach mit Internet und meinem Netbook auch gleich noch unseren Rückflug für den 19. August. Ich muss feststellen, dass die Preise für diesen Flug nun steigen, da die Plätze langsam knapp werden, und bin überzeugt, dass heute der richtige Tag zum Buchen war. Erst nach getaner Arbeit genehmigen wir uns neben der Kirche das wohlverdiente kühle Bier.

Am Abend treffen wir viele Pilger auf dem „Isomatten-Trip": Sie versuchen krampfhaft, irgendwo ein solch begehrtes Stück zu organisieren. Es ist anscheinend so, dass das Schlafen auf dem nackten Turnhallenboden, nur im Schlafsack, für viele doch zu hart ist. Die folgenden Stunden gestalten sich sehr kurzweilig, treffen wir doch auf einige Pilger, die wir länger nicht mehr gesehen haben, so auch den glatzköpfigen Spanier Paolo, der letztmals in Pamplona mit uns die Unterkunft geteilt hatte. Am Kopf hat er eine lange, genähte Wunde, die er ohne Verband trägt und fast ein wenig als Trophäe zur Schau stellt. Auf Anfrage erfahren wir, dass er mangels Unterkünften nun als Nachtpilger unterwegs sei, da tagsüber leere Betten besser zu finden seien. Vorletzte Nacht habe er sich dann an einem herunterhängenden Ast den Kopf aufgerissen, was am Morgen eine Arztvisite und daraufhin die hässliche Naht zur Folge gehabt habe. Paolo zeigt ein breites Grinsen und erklärt fröhlich, die Schmerzen seien durchaus lohnenswert, denn diesen „Pilgerausweis" könne ihm niemand mehr streitig machen. Er nimmt seinen letzten Schluck Bier, und daraufhin verschwindet der fröhliche Spanier mit einem freundlichen Gruß in die dunkle Nacht.

Gedanken des Tages: Der Herrgott hat die unterschiedlichsten Pilger auf den Weg geschickt.

Pilgertag 32

Dienstag, 11. August 2009, Portomarín–Palas de Rei
Distanz: 26 Kilometer, 691 m aufwärts, 560 m abwärts,
7 Stunden 30 Minuten

Noch vor fünf Uhr wache ich auf, da einzelne Pilger den Schlafsaal bereits verlassen. Ich drehe mich danach noch ein paarmal genüsslich und erst um 5.45 Uhr verlassen wir das Bett. Wir trödeln ein wenig, denn wir verspüren irgendwie wenig Lust, uns zu beeilen. So starten wir das Tageswerk erst um 6.45 Uhr. Unser Tritt ist im Vergleich zu dem an den Vortagen behäbig. Zügig überholen uns einige sportliche, gut trainierte Läufer, doch dies nehmen wir kaum zur Kenntnis. Nach wie vor laufen vor und hinter uns, soweit das Auge blicken kann, Pilger, und doch glaube ich festzustellen, dass sich die Reihen bereits gelichtet haben. Durch die Flut der Menschen lasse ich mich längst nicht mehr ablenken. Suche ich Ruhe, senke ich meinen Kopf leicht nach vorne und kann so problemlos abtauchen.

Immer öfters machen wir uns jedoch einen Spaß daraus, die Leute um uns ein wenig genauer zu beobachten. Wir sehen viele Pilger, deren Ausrüstung absolut neu ist. Die Ausrüstung der meisten besteht nun nebst Pilgerrucksack auch aus einem oder zwei schönen neuen Knieschonern und teilweise auch aus neuen Sandalen, zumal die Laufschuhe nach wenigen Stunden des Marschierens bereits unbequem sind. Viele marschieren mit verdrossenen Gesichtern, denn sie wissen schon am zweiten Tag nicht mehr, warum sie sich dies hier antun. Familien versuchen ihre Kinder zu motivieren, junge Männer ihre Freundinnen, und wiederum andere blasen „die Übung" bereits am zweiten Tag ab, bestellen ein Taxi und fahren zum nächsten Etappenort. Die Taxis sind nun beinahe so zahlreich unterwegs wie die Pilger. Wir stellen auch mit Erstaunen fest, dass sehr viele Pilger auf diesem Streckenabschnitt ohne Gepäck unterwegs sind. Das Abholen der Pilgerurkunde wird hier wirklich zum Sonntagsspaziergang degradiert.

Trotz anfänglich gemächlichem Tempo kommen wir zügig voran. Knapp neun Kilometer vor Palais de Rei werden uns in einem ganz kleinen Dorf am Wegrand gratis Kaffee und Wasser angeboten. Die kleine Herberge in einem alten Bauernhaus ist sehr freundlich eingerichtet, die Toilette absolut sauber, und die jungen Leute kümmern sich rührend um die zahlreich vorbeihumpelnden Pilger.

Ich beginne eine spannende Unterhaltung mit einem jungen Spanier, der hier freiwillig zum Wohle der Pilger arbeitet. Die Kraft dieses Ortes wird sofort spürbar. Nach diesem kurzen Halt sind meine zuvor starken Knieschmerzen wie weggeblasen. „Ausreichende Pausen sind wichtig!" – diesen Leitsatz haben wir uns bereits vor der Reise eingeprägt. Beim Abschied drückt mir der junge Spanier mit einem freundlichen Nicken einen Flyer, bedruckt mit nachfolgender Geschichte, in die Hand:

Ein wirklicher Pilger:
Man erzählt, dass im zehnten Jahrhundert ein Mann lebte, der sein Leben dem Pilgern widmete. Er legte Tausende von Kilometern zurück, bis ihn im sehr fortgeschrittenen Alter seine Beine daran hinderten weiterzulaufen.
Daraufhin zog er sich in ein abgelegenes Kloster zurück, um seine verdiente Ruhe zu finden. Dieser alte Mann erlangte, ohne es gewollt zu haben, den Ruf, einer der weisesten Männer zu sein. Viele junge Männer suchten ihn auf, um seinen Rat zu erfragen.
Eines Tages kam ein junger Pilger in das abgelegene Kloster. Dieser war, obwohl er noch so jung war, schon alle bekannten Pilgerwege gelaufen. Er fragte den Alten: „Meister, was muss ich tun, um ein wirklicher Pilger zu werden?"
Der Alte sah ihm in die Augen und hatte Mitleid mit ihm. Er antwortete: „Junger Mann, wenn du ein wirklicher Pilger werden willst, kehre zurück zu deiner Familie, deinen Freunden, deinen Nachbarn und deinen Feinden, hör ihnen zu, diene ihnen, vergib ihnen und liebe sie. So wirst du ein wirklicher Pilger."
Man sagt, dass der junge Mann seinen Blick senkte, sich umdrehte und ohne ein weiteres Wort sehr traurig davonging. Er wäre bereit gewesen, noch weitere Tausende von Kilometern mit einer schweren Last auf seinem Rücken zu laufen, aber er war unfähig, die Aufgabe zu erfüllen, die ihm der alte Mann gestellt hatte.

Durch solche Weisheit inspiriert, marschiere ich erst mal schweigend und nachdenklich weiter. Später gönnen wir uns nochmals eine kurze Rast und lassen uns die kleine Verpflegung aus dem Rucksack schmecken. Die heutige Tagesetappe beenden wir in der Ortschaft Palas de Rei zu dem Zeitpunkt, als die Sonne ihren höchsten Tagesstand bereits überschritten hat.

Nach dem Bezug des einfachen und günstigen Hotelzimmers – wir bezahlen für die Übernachtung pro Person zehn Euro – ziehen wir los zum Einkaufsbummel. In der Bar nebenan plagt uns bald der Hunger, und so bestellen wir entgegen unseren Gewohnheiten bereits um halb vier ein Pilgermenü. Eigentlich wollten wir nur einen Teller Pasta, doch es wird uns mitgeteilt, dass das gesamte Menü, enthaltend Wein, Hauptspeise und Dessert, bloß acht Euro koste, ein Teller Pasta dagegen, ohne jegliches Zugemüse, auch deren sechs. Beim Bestellen erfolgt die typisch spanische Zeremonie: Zuerst gibt es den Tintenfisch nicht mehr, danach ist die Lasagne ausgegangen, und zu guter Letzt stehen dem Gastwirt auch nur noch zwei Lachsfilets zur Verfügung. Obschon ich ob des Trauerspiels dieser Bestellung zuerst leicht wütend werde – der schlaue Gastwirt hatte sicher auch gerade keine Pasta vorrätig –, beschwichtigt mich danach die Qualität des Essens. Was noch im Kühlschrank lagerte, ist gut, und wir werden auch richtig satt.

Gedanken des Tages: Wird es mir gelingen, ein wirklicher Pilger zu sein?

Pilgertag 33

Mittwoch, 12. August 2009, Palas de Rei–Arzúa
Distanz: 30 Kilometer, 648 m aufwärts, 788 m abwärts,
7 Stunden 30 Minuten unterwegs

Unsere Gaststätte war diese Nacht ein „Hotel Durchzug". Die ganze Nacht hörten wir Stimmen, Geräusche in den Treppenhäusern und zuknallende Türen. Waren wir hier in einem Stundenhotel? Die Tatsache, dass die Hauptverkehrsachse exakt vor unserem Zimmer vorbeiführte und es die Polizei in Spanien mit der Einhaltung der Nachtruhe nicht sehr genau nimmt, war unserem Tiefschlaf ebenfalls abträglich.

Und doch starten wir sehr gut, sind froh gelaunt und marschieren in lockerem Schritt, Theo immer einige Hundert Meter hinter uns herziehend, in Richtung Ponte Campaña de Casanova. Die vorgängige Durchquerung des tiefgrünen, dichten Eukalyptuswaldes bedeutete für uns eine Abwechslung und war keineswegs beängstigend, wie dies in einigen Büchern des Jakobsweges nachzulesen ist.

Noch sind keine zwei Stunden vergangen, und schon liegen zehn Marschkilometer hinter uns. Mit Kaffee und frischem Toastbrot speisen wir unsere Batterien, und so gestärkt, schnüren wir bald die Marschschuhe von Neuem. Immer auf- und abwärts führt uns die Strecke erneut durch kleine Wälder, vorbei an Weilern, kleinen Industriebereichen und an einer für diese Gegend typischen Granitsägerei. Staub und Lärm sind von weither hör- und sichtbar, und ich überlege mir, dass die Arbeitsbedingungen hier wohl nicht annähernd den bei uns so hoch angesetzten Sicherheits- und Gesundheitsrichtlinien entsprechen.

Noch vor der Mittagszeit sind bereits mehr als zwei Drittel der heute budgetierten dreißig Kilometer geschafft. In Boente, rund acht Kilometer vor Arzúa, benötigen wir nach unserem schnellen Marsch nochmals eine Stärkung. Kaum fünf Minuten nach uns trifft auch Theo ein und lässt sich in der gut gefüllten Gartenwirtschaft dankbar für den reservierten Platz tief ausatmend neben uns nieder. Auch er spürt, dass wir uns heute im oberen Drehzahlbereich vorwärtsbewegen. Trotz mürrischer Bedienung erfüllt die erhaltene Verpflegung ihren Zweck bestens.

Auf der weiteren Strecke des heutigen Weges passieren wir unzählige der schönen galizischen Hõrreos, die für diese Gegend berühmten alten Speicher, die nach wie vor für die Langzeitlagerung allerlei haltbarer Nahrungsmittel, zum Beispiel Maiskolben, Korn oder Gartenkräuter, benutzt werden. Plötzlich stellen wir fest, dass wir wieder nahezu alleine laufen, denn vor und hinter uns ist kaum eine Menschenseele zu sehen. Wo sind die vielen Pilger bloß alle geblieben? Die letzte Strecke der heutigen Etappe führt leider mehrheitlich über Asphaltstraßen, und dies unter der brütend heißen Mittagssonne. Bei der Querung des Río Iso bedarf es eines größeren Willensschubes, damit wir uns nicht mitsamt der Ausrüstung in die kühlen Fluten stürzen. Gleich nach der Brücke befindet sich eine Herberge, und so tummeln sich hier unzählige Jugendliche im und am Wasser. Uns erstaunt lediglich, dass kaum Rucksäcke zu sehen sind und zu dieser Tageszeit bereits so viele Pilger ihrer Erholung frönen. Für uns wird immer deutlicher verständlich, warum es hier um diese Jahreszeit in öffentlichen Herbergen kaum Betten zu ergattern gibt.

Siebeneinhalb Stunden Marschzeit sind absolviert. Eine Stunde vor der im Pilgerführer angegebenen Zeit stehen wir bereits unter der Dusche unseres komfortablen Dreibettzimmers. Nach dem Auspacken und Einrichten des Nachtlagers folgt ein kurzer Powerschlaf. Das Nachmittagsbier darf auch heute nicht fehlen, doch dabei bemerken wir langsam eine atypische Melancholie. Santiago kommt in fühlbare Nähe, und langsam aber sicher beginnen Gedanken der Ankunft in unseren Köpfen zu kreisen. Wir versuchen dieser Stimmung zu trotzen und beschließen, in das fast zwei Kilometer von unserer Schlafstelle entfernte Zentrum von Arzúa zu laufen. In den Sandalen läuft es sich fast wie auf Wolken, und trotzdem überfällt uns bei einer Außentemperatur von dreißig Grad im Schatten bald wieder die Müdigkeit. Unter den Bäumen des Dorfplatzes dösen wir dahin und genießen nochmals richtig das Nichtstun. Auch das Handy wird noch gestartet, will ich es doch nicht unterlassen, meiner Mutter in der Schweiz herzlich zum Geburtstag zu gratulieren.

Beim Nachtessen lasse ich mich zu einer Spezialität dieser Gegend überreden. Der Teller wird herrlich duftend serviert, und ich genieße das Mal innig. Ich kann absolut nicht verstehen, dass Regi und Theo naserümpfend ihren „Einheitsbrei" verschlingen und sie bereits beim Wort „Kutteln" einen Würgereiz unterdrücken müssen. Partout wollen sie sich nicht dazu verführen lassen, von meinem nahrhaften Essen zu kosten. Wir verzichten auf eine Nachspeise und erkunden noch den Weg für morgen früh. Danach schlurfen wir mit schweren Beinen die zwei Kilometer zurück zu unserer Liege. Erst jetzt stellen wir fest, dass unser Zimmer über eine Klimaanlage verfügt. Im kühlen Raum schlafen wir bereits vor 22.00 Uhr müde und dankbar ein.

Gedanken des Tages: Baden im Río Iso anstelle des Pilgerns in der Hitze: Wie lange währt wohl die Freude an der Pilgerurkunde?

8. August – Im Nebel auf dem Alto de San Roque

9. August – Unsere Wanderschuhe bereits ziemlich mitgenommen

Pilgertag 34

Donnerstag, 13. August 2009, Arzúa–Lavacolla
Distanz: 31 Kilometer, 665 m aufwärts, 757 m abwärts,
8 Stunden 15 Minuten unterwegs

Unser heutiges Morgenessen, Joghurt und Schokodrink, nehmen wir schweigend noch im Schlafraum zu uns. Bereits kurz nach fünf Uhr stehe ich auf und erledige meine allmorgendlichen Routinetätigkeiten, bestehend aus Spritzen, Fußpflege, Rucksack-Packen und so weiter. Das alles ist mir schon so zur Gewohnheit geworden, dass ich mir gar nicht mehr viel dabei überlege, sondern diese Tätigkeiten mechanisch ausführe.

Die erstaunlich kühle Morgenluft erlaubt ein zügiges Laufen, zuerst nochmals die zwei Kilometer ins Ortszentrum, die wir bereits von gestern kennen. Dann verlassen wir Arzúa auf dem am Vorabend rekognoszierten Weg. Die herrliche Morgendämmerung und die große Ruhe erlauben ein besinnliches Laufen, bis wir vom Lärm einer Bar am Wegrand geweckt werden. Das, was man uns hier als Kaffee verkauft, entspricht genau dem Gesichtsausdruck der Bedienung: „Aufguss vom Vorabend". Trotzdem erfüllt die Pause ihren Zweck, und die Vertilgung der Notration aus dem Rucksack vermindert das Traggewicht.

Der folgende Marsch durch den riesigen Eukalyptuswald hinterlässt bei uns einen zwiespältigen Eindruck: Zum einen läuft es sich auf dem weichen, mit Blättern übersäten Boden wohlig weich, und es riecht dazu noch himmlisch, zum anderen stimmt es auch traurig, dass Eukalyptusbäume absolut keine anderen Lebewesen neben sich dulden. Kein Efeu, kein Farn, keine Blumen, keine Tiere, kein Vogel, nicht einmal eine Maus überlebt neben diesen giftigen Hochstämmern.

Im nächsten Dorf ordert Theo, der heute vor uns lief, ein großes Bocadillo. Unsere Mägen sind noch nicht für diese Zwischenverpflegung bereit, und so verzehren wir lediglich die letzten Trockenfutterreserven aus dem Rucksack – ein schwerer Fehler, den wir später noch bereuen sollten. Die nächsten Orte umläuft der Jakobsweg, dies ist für uns eine neue Erfahrung. So nehmen wir bei bereits heißen Temperaturen, vor der Sonne kaum geschützt, eine massive Steigung in Angriff.

Was wir in den kommenden langen Minuten oder Stunden bei der Überwindung von kaum dreihundert Höhenmetern erleben, bezeichnen wir brutal als „Pilgersterben". Gelegentlich werden wir überholt, überholen jedoch in unserem regelmäßigen Schritt auch viele Pilger. Der Wegrand ist gesäumt von sitzenden und liegenden, elend dreinschauenden Personen jeden Alters: ein schauerlicher Anblick. So wie uns ergeht es vielen. Mangels Verpflegungsmöglichkeit haben wir mit nun doch schon leicht knurrenden Mägen die Steigung in Angriff genommen. Obschon wir unsere Kräfte gut einteilen, zeigt der Batteriestandsanzeiger ein bedrohliches Tiefrot. Bei mir beginnt sich eine Unterzuckerung anzumelden. Obschon Regi mehrmals mit mir ihre allerletzten trockenen Kekse teilen will, bin ich bereits nicht mehr in der Lage, die rettenden Strohhalme zu ergreifen. In meinem Kopf hat sich das Bild eines kühlen Getränkes und einer nahrhaften Verpflegung so stark eingeprägt, dass ich sogar vergesse, wenigstens regelmäßig zu trinken.

Zu allem Übel verwirrt uns heute auch noch die Distanzangabe. Die Angabe auf den Kilometersteinen des Weges, die uns seit Tagen begleitet, korrespondiert nicht mit der Angabe im Pilgerführer. Den Grund erfahren wir auf der elend langen Umrundung der Flughafen-Landepiste von Santiago. Vor dem Bau dieses Rollfeldes querte der Weg hier den Flughafen. Heute umrunden wir die Piste in mühsamen, langen, nicht enden wollenden vier Zusatzkilometern. Bei der Autobahnzufahrt sehe ich von Weitem die große Werbetafel eines Restaurants. Die letzten Kräfte mobilisierend, beschleunige ich meine Schritte nochmals, doch heute haben sich alle Götter gegen uns verschworen. Das Restaurant liegt auf der anderen Straßenseite, und sämtliche Bemühungen, den zwei Meter hohen Zaun, den die Autobahnzufahrt schützt, zu überklettern, scheitern kläglich. So bleiben die roten Plastikstühle für mich unerreichbar. Mein momentaner körperlicher und geistiger Zustand befindet sich im tiefsten Kellergeschoss. Die strafenden Blicke von Regi, die mich streifen, führen wenigstens dazu, dass ich in langsamen Schritten wieder lostrotte. Rund einen Kilometer später naht dann doch Rettung, buchstäblich in letzter Sekunde. Als ich, bestückt mit zwei Büchsen Coca-Cola und einem riesigen Bocadillo, ermattet in den Stuhl sinke, dreht sich um mich alles, und ich bin minutenlang kaum in der Lage, klare Worte zu sprechen. Dies war nun wohl der Zustand, den es eigentlich zu vermeiden galt.

Das zuckerhaltige Süßgetränk und die Verpflegung verfehlen ihre Wirkung glücklicherweise nicht! Nur wenige Minuten später präsentiert sich mir die Welt bereits wieder in viel freundlicheren Farben. Nachdem die zweite Büchse Coca-Cola mir vollends zu alter Stärke verhalf, trifft Theo ein, ebenfalls ziemlich müde und entnervt. So verlängern wir unsere Pause, um später gemeinsam unser Tagesziel in Lavacolla zu erreichen. Weit über sechzig Kilometer haben wir nun in den letzten zwei Tagen zurückgelegt: mit Vollgepäck und die für diese Gegend – wir spüren bereits die Luft des Atlantiks – sehr warmen Temperaturen. Wir sind stolz auf uns.

Zimmer mit Bad und Dusche auf der Etage präsentieren sich in einem prima Zustand. Auch diese Lokalität füllt sich bis zum Abend, dies mehrheitlich mit Personen, die mit Bussen anreisen und komischerweise ihr Reisegepäck ebenfalls in Rucksäcken mitführen. Und noch eine weitere Entdeckung machen wir an diesem Tag: Kurz nach unserer Ankunft erreicht ein Kleinbus unsere Herberge, der Fahrer entlädt rund fünfzehn Rucksäcke und verteilt diese auf diverse Zimmer. Rund drei Stunden später treffen dann zu Fuß, fröhlich schwatzend, die Besitzer ein und werden vom Kleinbuslenker in ihre Zimmer eingewiesen. So kann man sich die Pilgerschaft auch organisieren. Gerne würde ich dieser bunten Truppe für den morgigen Einmarsch in Santiago, den sie sicherlich mit Vollgepäck und erschöpfter Miene absolvieren, Erbsen in die Schuhe legen, damit sie wenigstens einmal das Feeling einer Pilgerschaft spüren.

Beim gemütlichen Ortsbummel vertiefen wir uns noch ein wenig in die Geschichte von Lavacolla. Früher spülten sich die

Pilger hier in diesem letzten Etappenort vor Santiago im Lavacolla-Bach den Schmutz von Körper und Seele. Die Bademöglichkeiten und die gleich daneben eingerichteten Beichtplätze können noch heute besichtigt werden. Ein Bad an dieser Stelle ist leider nicht mehr empfehlenswert. Den Pilgern war so ein in jeder Hinsicht „sauberer" und „gereinigter" Einmarsch in die Heilige Stadt möglich.

Wir sprechen nicht mehr viel. Eine melancholische Stimmung erfasst uns; Worte zu finden, fällt uns nun schwer. Wir wissen: Morgen findet unsere Pilgerschaft ein Ende. In Gedanken bereiten wir uns jetzt schon darauf vor.

Gedanken des Tages: Auch ohne Reinigung im Lavacolla-Bach wird uns Santiago einen offenen Empfang bereiten.

Pilgertag 35 – Ankunft

Freitag, 14. August 2009, Lavacolla–Santiago
Distanz: 11 Kilometer, 207 m aufwärts, 248 m abwärts,
3 Stunden 30 Minuten unterwegs

Unsere Stimmung ist ruhig und gelassen: kein zu frühes Erwachen, keine erhöhte Unruhe, keine spürbare Nervosität. Wo bleibt die Vorfreude auf das Ankommen? Längst ist uns klar, dass heute ein für uns einmaliges Erlebnis zu Ende geht. Da die Sehnsucht des Ankommens für uns nie sehr groß war, überwiegt heute ganz klar die Angst vor dem „zu frühen Ankommen".

Mit ruhigen Schritten erklimmen wir, mehrheitlich auf Asphaltstraßen, den Monte do Gozo, der „Berg der Freude", von dem sich den ankommenden Pilgern erstmals die Sicht auf Santiago öffnet. Er empfängt uns zuerst mit leichtem Nebel, zeigt sich jedoch bald in klarem, hellem Sonnenschein. Der Blick zurück gibt nochmals die Weite frei, die wir doch so gerne noch länger fühlen möchten. So entschließen wir uns, diesen Eindruck auf Bild zu bannen. Beim Auspacken meiner kleinen Digitalkamera fällt mir diese doch tatsächlich aus der Hand, und noch vor dem Aufheben stelle ich fest, dass der rückseitige Bildschirm gebrochen ist. Da die kleine, leichte Kamera nicht über einen Sucher verfügt, heißt dies für die restlichen Tage „Blindaufnahmen". Ich stelle mir die Frage, wieso ausgerechnet hier, auf dem Berg der Freude, am letzten Tag unserer Pilgerfahrt, mein Fotoapparat zu Boden fällt. Eine schlüssige Antwort erhalte ich jedoch nicht.

Wir wandern vorbei am großen Pilgerdenkmal, an unzähligen, hässlichen kleinen Betonbauten, die zur Beherbergung der Leute anlässlich des Papstbesuches von 1989 erbaut worden waren, und beim Abstieg vom Hügel erblicken wir erstmals die Türme der Kathedrale von Santiago. Bei der ersten Brücke, eingangs der Stadt, lösen Regi und ich die Schlaufen der Wanderstöcke und absolvieren von da an den Einmarsch in die Stadt Hand in Hand. In Stille, großer Zweisamkeit und tiefer Verbundenheit laufen wir die letzten Kilometer, jeder in seine eigenen Gedanken versunken.

Theo schließt zu uns auf, und wir vereinbaren, gemeinsam auf einer Parkbank sitzend, die Ankunft noch ein wenig hinauszuzögern. Wie in Trance, jeder für sich tief in seinen Gedanken, passieren wir zuerst die Porta do Camiño, bevor wir auf den riesigen Platz vor der Kathedrale marschieren. Ohne viele Worte stellen wir den Rucksack neben uns, und was folgt, ist eine lange, innige Umarmung: zuerst nur zu zweit, Regi und ich, danach zu dritt mit Theo, unserem treuen Gefährten der letzten Tage.

Langsam überwiegt die Freude der Ankunft die Angst vor dem nahenden Ende unserer Reise, und die traurige, melancholische Stimmung beginnt zu weichen. Wir werden vom Anblick der Kathedrale überwältigt und nehmen mit zunehmender Dauer des Hierseins zur Kenntnis, dass wir von unzähligen Pilgern umgeben sind. Nach einem ersten kurzen Blick in die Kathedrale entscheiden wir uns, noch vor dem Bezug unseres letzten Nachtlagers die Pilgerurkunde abzuholen. Zuerst sind wir erstaunt, dass sich vor dem Gebäude der Pilgergesellschaft eine Warteschlange von über einhundert Metern Länge gebildet hat. Das Anstehen entwickelt sich jedoch sofort zu einem gesellschaftlichen, fröhlichen Anlass. Bekannte Gesichter werden gegrüßt, Erlebnisse werden ausgetauscht, und so vergeht die Wartezeit von rund zwei Stunden recht zügig. Im ersten Stock angekommen, weisen wir dann unsere zwei Pilgerpässe, randvoll mit Stempeln, vor und belegen so, dass wir tatsächlich von Saint-Jean-Pied-de-Port bis hier zu Fuß unterwegs waren. Fein säuberlich werden die notwendigen Angaben in die vorgedruckten Urkunden eingetragen und in ein großes Buch sowie in den Computer getippt. Durch „Canonicus Deputatus pro Peregrinis" und den Stempel der „Capituli, Beati, Jacobi, Compostellae" wird beglaubigt, dass Regula Kyburz und George Kyburz am „14. Mensis Aogusti anno Dni 2009" Santiago nach erfolgreicher Pilgerfahrt erreicht haben. Nun ist es also auch noch amtlich.

Beim Verlassen des Gebäudes bin ich einfach nur noch unheimlich dankbar, gesund in Santiago angekommen zu sein. Nach über 850 Kilometern zu Fuß, knapp 17 000 bewältigten Höhenmetern und rund 231 Stunden Unterwegssein stehen wir hier und können es kaum glauben. Haben wir dies wirklich geschafft?

Der nachfolgende Zimmerbezug in der Pension Fonseca, einem einfachen, schönen alten Haus gleich neben der Kathedrale, ist sehr warmherzig. Da wir drei Nächte gebucht haben, erhalten wir ein recht geräumiges Dreibettzimmer für uns zwei. Welch ein Luxus! Am Abend flanieren wir ein erstes Mal durch die Stadt und gönnen uns zusammen mit Theo ein feines Nachtessen. Der Abschied danach fällt mit wenigen Worten sehr kurz aus. Theo wird gleich morgen früh weiterziehen. Er will die knapp einhundert Kilometer nach Finisterre, ans Ende der Welt, auch noch pilgernd zurücklegen. Die kurze Umarmung sagt mehr als viele Worte und zeigt auf, dass uns unsere Pilgerbekanntschaft ans Herz gewachsen ist. Nicht das Ankommen ist das Ziel, der Weg ist das Ziel! In aller Deutlichkeit wurde uns dies heute vor Augen geführt. Das Ankommen war schön, das Unterwegssein um ein Vielfaches schöner.

Nachtrag – Die aufmerksamen Leser unter Ihnen fragen sich nun vielleicht, ob sich Jacks Hut immer noch in meinem Rucksack befindet. Nein, auch dieses Relikt unserer Pilgerschaft fand zum Glück den richtigen Besitzer wieder. Einige Etappen nach Castrojeriz trafen wir auf dem Weg ganz zufällig wieder auf Jack aus Irland. Er war überglücklich, hatte er doch trotz intensiver Suche noch keinen würdigen Sonnenschutz gefunden. Aus Dank machte der Fotograf auf seiner Einwegkamera ein tolles Foto von Regi und mir. Einige Wochen nach der Rückkehr erhielten wir plötzlich in einem Brief von Jack die schöne Erinnerung zugesandt.

14. August – Auf dem Monte Gozo, kurz vor der Ankunft

14. August – Einmarsch in Santiago

KAPITEL 16
SANTIAGO

Die Tage nach der Ankunft

Freitag, 14. August, bis Mittwoch, 19. August 2009

Am Samstag ist hier ein heiliger Feiertag. Nun wissen wir auch, wieso gestern mehrere Hundert Pilger angekommen sind. Rechtzeitig begeben wir uns in die riesige Jakobs-Kathedrale. Auf einer einfachen Holzbank, umgeben von unzähligen Leuten, stimmen wir uns auf den Pilgergottesdienst ein. Noch vor Beginn der Feierlichkeiten ist die Kirche zum Bersten gefüllt. Selbst in den Gängen stehen noch Leute. Die Zeremonie gleicht dann einem gut eingeübten Schauspiel. Das Schwingen des großen Weihrauchtopfes ist eindrücklich, mehr nicht. Es ist schön, hier zu sein, wir genießen den Moment, doch die Momente der inneren Einkehr hatten wir unterwegs.

So richtig in mich abtauchen kann ich hier in Santiago nur noch einmal. Als wir in einer ruhigen Minute unter der Kathedrale wenige Meter vor dem Sarkophag des Jüngers Jakobus stehen, fühle ich eine tiefe Zufriedenheit und Ruhe. Obschon der Moment sehr kurz ist, spüre ich: Ich bin angekommen.

Nach wie vor wache ich noch jeden Morgen um fünf Uhr auf, und die Unruhe packt mich. Die ersten zwei Tage nach der Ankunft hatte ich einen harten Kampf, meinem frühmorgendlichen Drang, den Rucksack zu packen, die Schuhe zu schnüren, die Stöcke zu ergreifen und loszumarschieren, zu widerstehen. Regi hat es da besser. Während ich bereits wieder vor der Kathedrale sitze, schläft sie noch den Schlaf der Gerechten und erholt sich von den körperlichen Anstrengungen der letzten Wochen.

Wir treffen alte Bekannte und freuen uns erneut an den interessanten Gesprächen. Nun bleibt ausgiebig Zeit, in Gartenkaffees fünfzig Postkarten zu schreiben und die kleinen und großen Sehenswürdigkeiten der Stadt zu besichtigen. Höhepunkte sind jedoch ganz klar die Zusammentreffen mit den Pilgerbekanntschaften. So verbringen wir nochmals einen Abend mit Edith und Franz, die bereits das Ende der Welt in Finisterre besucht haben. Auch Alois, der pensionierte Oberrichter aus Luzern, der als weiterer Schweizer auf dem Weg sehr bekannt war, gesellt sich zu einem gemütlichen Abend zu uns. Wir verabschieden Franz und Edith am Bahnhof, blicken gen Himmel und suchen das Flugzeug, mit dem sie mit Zwischenhalt in Barcelona zurück in ihre Heimat fliegen.

Auch wir packen die Rucksäcke wieder, soll unsere Reise doch auch in Finisterre, am Ende der Welt, einen würdigen Abschluss finden. Nur kurz blicken wir auf dem Fußmarsch in Richtung Bahnhof, die Rucksäcke wieder angehängt, zurück. Auf einer interessanten Busfahrt gelangen wir zur Landzunge, auf der das Kap Finisterre liegt. Ein letztes Mal stellen wir in einem einfachen Zimmer unsere Rucksäcke auf den Boden, als uns Theos Anruf erreicht. Auch er ist hier angekommen, und zusammen marschieren wir über den Hügel, um uns gemeinsam im eisigen, kalten Wasser des Atlantiks einer Reinigung zu unterziehen. Die Pilgerschaft soll für uns einen würdigen Abschluss erhalten, und so machen wir es wie viele Pilger in den vergangenen Jahrhunderten.

Nach der Reinigung im Meer folgt der Marsch hoch zum Leuchtturm und den gewaltigen Felsen, die ins Meer vor Finisterre ragen. Der Ausblick ist gewaltig, und der Wettergott würdigt unsere Ankunft. Noch bei Tageslicht steigen wir über die Felsen ab an ein einsames Plätzchen mitten im Fels. Wortlos genießen wir die Zeit und betrachten die langsam im Meer versinkende Sonne: kein Zischen, kein Aufbäumen, nur unendlicher Glanz, als die Sonne im Wasser des Atlantiks verschwindet. Nun ist es Zeit, das vorbereitete Feuer zu entfachen, damit wir unsere Reisekleider verbrennen können. So verlangt es die Geschichte, nur so wird es möglich, dass wir morgen als „neue Menschen" erwachen. Als auch das Feuer erlischt, blicken wir hinaus in die große Dunkelheit, und nun wissen wir auch, wieso dieser Ort in der alten Zeit als „Ende der Welt" betitelt wurde. Wir sind umgeben von einem riesigen Nichts.

Wir sind angekommen.

Zusammen mit Theo fahren wir am nächsten Tag zurück nach Santiago. Er wird vor seiner Rückreise noch zwei Tage hier verweilen. Als wir uns am Busbahnhof kurz verabschieden, lassen wir den Tränen ungehindert ihren Lauf. Wir fahren weiter zum Flughafen, sehen nochmals den Weg, auf dem wir die Landebahn vor wenigen Tagen mit Qualen umwandert haben, und besteigen kurz nach Mittag das Flugzeug. Der Druck in der Magengegend steigt, als sich das Bugrad anhebt und unsere Maschine die Nase nach oben reckt.

Am späten Abend werden wir am Flughafen von unseren beiden Buben, Regis Mutter und meinem Chef Martin mit einer herzlichen Umarmung in Empfang genommen. Unheimlich bereichert sind wir angekommen, zurück im Alltag.

Abschied am Ende der Welt/Finisterre, die letzte Station der Reise

KAPITEL 17
VOLLZUG DER VERÄNDERUNG

2010 – Der Tod meiner Kollegen

Lange, sehr lange zehren und leben wir vom Erlebnis Jakobsweg. Die vermutlich „schönste Reise unseres Lebens" hat nur gute Erinnerungen hinterlassen. Trotzdem heißt es jetzt, auch im harten Alltag wieder zu bestehen, und dies erweist sich für mich als kein leichtes Unterfangen. Vieles hat mich mein persönlicher Weg gelehrt, einiges habe ich mir vorgenommen, doch je größer die zeitliche Distanz wird, desto schwieriger wird die Einhaltung der Umsetzung. Obschon ich zwischenzeitlich nahezu alle politischen Ämter niedergelegt habe und auch die übrigen außerberuflichen Verpflichtungen auf ein Minimum reduzierte, beginnen ursprüngliche Mechanismen wieder zu greifen, und fast unbemerkt gerate ich in altes Fahrwasser.

Noch vor dem Jahresende 2009 erfahre ich von der Krebserkrankung meines Kollegen Günesch (Spitzname). Als langjähriger Nachbar hatte ich erst vor vier Jahren mit dem heute vierzig Jahre alten Günesch und zusammen mit zwei weiteren Kollegen eine mehrtägige Militärvelotour in Richtung Süden unternommen. Aus zuverlässiger Quelle wird mir mitgeteilt, dass sich in diversen Organen seines Körpers bereits Metastasen gebildet hätten und sich die Schmerzen nun ausbreiteten. Im Mai 2010 folgte dann die nächste ähnlich lautende Hiobsbotschaft: Ein Kollege des Fußballklubs, mit dem ich mich alle zwei Wochen beim Heimspiel unseres Fußballklubs im Speakerhaus treffe, um gemeinsam mit ihm das Spiel zu kommentieren, ist ebenfalls schwer an Krebs erkrankt und befindet sich bereits in Spitalpflege. Kurz darauf besuche ich Xavi. Ich finde sein Zimmer im selben Haus des Kantonsspitals, in dem ich noch vor zwei Jahren gelegen habe: dieselbe Lage, dieselbe Aussicht, lediglich ein Stockwerk tiefer. Was ich dann zu Gesicht bekomme, schockiert mich. Ich benötige all meine Kraft, die Fassung zu bewahren. Vor mir sitzt nicht mehr der stattliche, kräftige, gut sechzigjährige Mann, den ich noch vor so kurzer Zeit gekannt habe. Vor mir sitzt im Rollstuhl ein vom Tode gezeichneter, eingefallener, leicht nach vorne gebeugter Mann, der mit leiser, aber sehr gefasster Stimme offen über die wenigen noch zu erwartenden Tage spricht. Ich bleibe nicht sehr lange bei Xavi, denn das Gespräch ermüdet ihn stark. Doch die kurze Zeit hat ausgereicht, dass ich mit größter Ehrfurcht zu diesem Mann hochblicke und stolz bin, ihn zu kennen. Ein Mensch, der es schafft, sich in so kurzer Zeit auf das Unabwendbare einzulassen und dabei noch mit Dankbarkeit auf seine Lebenszeit zurückblickt, verdient meine absolute Hochachtung.

Kurz vor der Wegfahrt in die Sommerferien besuche ich Xavi zu Hause. Wider Erwarten konnte er das Spital nochmals verlassen, und es scheint, dass er, wie erhofft, den Nationalfeiertag am ersten August noch erlebt. So bringe ich dem Patienten die von ihm gewünschte große Feuerwerksrakete. Uns werden nochmals schöne, intensive Minuten geschenkt, und mit seinem Versprechen, dass er die Rakete am Abend des ersten Augusts genau 22 Minuten nach 22.00 Uhr in Richtung Himmel entlässt, damit wir beide den Lichtstrahl am Firmament verfolgen können, verlasse ich ihn. Zur besagten Zeit starre ich knapp eintausend Kilometer von Xavi entfernt in den klaren Nachthimmel und bin überzeugt, dem richtigen Lichtstrahl zu folgen.

Auch mit Günesch wechsle ich Anfang Juli anlässlich unseres Jugendfestes noch einige wenige Worte. Wir sprechen nicht über die Krankheit, sondern tauschen Belanglosigkeiten aus. Im Wissen, dass ich an der gleichen Krankheit leide, wünscht er keine Diskussion zu diesem Thema mit mir. Noch während unserer Ferien erfahre ich, dass sein Leben in seinem Auto nach einer Kollision mit einem Baum ein schnelles Ende gefunden hat. Kaum bin ich aus den Ferien zurückgekehrt, stirbt auch Xavi, ohne dass ich ihn nochmals treffen durfte.

Der Tod meiner beiden Kollegen geht mir nahe und zeigt mir einmal mehr deutlich auf, wie endlich doch unser Dasein ist und dass unsere Aufenthaltsbewilligung auf dieser Erde für alle einmal erlischt. Die beiden Ereignisse ziehen mich mehr, als mir lieb ist, in die Tiefe. Mein mit einer positiven Lebenseinstellung soeben wieder gut planierter Lebensweg erhält erneut Schlaglöcher und tiefe Fahrrinnen. Die Zweifel werden wieder größer, Fragen bleiben erneut unbeantwortet, und so entschließe ich mich, die professionelle Hilfe eines Fachmannes zu akzeptieren – ein weiser Entscheid.

2010 – Heute: unterwegs mit Achtsamkeit

Nach wie vor fällt es mir sehr schwer, einen Gang zurückzuschalten, doch in ganz kleinen Schritten lerne ich, dass es nicht mehr meine Hauptaufgabe ist, mich täglich neu zu beweisen. Mein rastloser Geist agiert noch meist im Reaktionsmodus, und dies führt mich nach wie vor oft in unnötige Stresssituationen; glücklicherweise jedoch immer seltener. Mein Wunsch nach Heilung und innerem Frieden ist ungebrochen. Gegen Stress und Schmerz gibt es jedoch kein Wundermittel, im Gegenteil: Ich muss lernen, damit umzugehen. Die einzige Möglichkeit zur Optimierung der Situation ist, mich dieser zu stellen. Nur so finde ich problembezogene Lösungen und inneren Frieden. Heute bin ich sehr gut in der Lage, mit der Dynamik zu arbeiten, die jedes Problem beherrscht, vergleichbar mit dem Kapitän eines Segelschiffes, der mit zunehmendem Wind die Segelfläche verkleinert, das Schiff besser an den Wind trimmt und so leichter und noch schneller vorwärtskommt.

Auf diesem Weg hilft mir die Achtsamkeit. Die Erkenntnis, dass ich unendlich viel kostbare Zeit erhalte, indem ich mich entsinne, dass mein Leben aus unzähligen Augenblicken des Jetzt besteht, hilft mir. Täglich schöpfe ich nun Kraft aus der Ruhe. Meine Betriebsamkeit reduziere ich auf ein von mir bestimmtes

Maß. Meine Gedanken nehme ich wahr und schenke mir auch die Zeit, diese zu deuten – eigentlich absolut nichts Neues, dies habe ich doch in meiner Jugend regelmäßig und auf dem Jakobsweg über Stunden, ohne darüber nachzudenken, automatisch gemacht. Ich akzeptiere wieder, dass ich trotz meiner Krankheit, trotz der Tatsache, dass ich vielleicht täglich nur noch sechs oder acht und nicht mehr sechzehn oder gar achtzehn Stunden konzentriert arbeiten kann, ein ganzes, vollkommenes Wesen bin. Ich habe bereits vor fünfundzwanzig Jahren gewusst, dass ich einen Kampf gegen den Krebs nie gewinnen kann. Was ich aber ganz sicher erreichen kann, ist eine positive Beeinflussung meines Zustandes durch die Akzeptanz der Situation. Ich gehe nicht davon aus, dass der Krebs erneut aktiv geworden ist, weil ich zu viel arbeitete, vielmehr wurde dieser wieder aktiv, weil ich ihm keine Beachtung mehr geschenkt habe. Nicht, dass ich jede Minute, jede Stunde daran denken möchte, ganz gewiss nicht, doch meinem Körper aufmerksam zuzuhören, was seine Bedürfnisse sind, meine innere Stimme sprechen lassen, was sie mir sagen will, dies bringt mich weiter und hilft meinem Immunsystem, Bruder Krebs den ihm zustehenden Platz zuzuweisen.

Ich werde weiter auf diesen Gedanken aufbauen und bitte täglich darum, dass mir noch mehr Zeit geschenkt wird, damit ich auch andere von diesen Erkenntnissen profitieren lassen kann. Ich habe gelernt, dass man auch mit kleinen Schritten zum Ziel kommt. Nicht umsonst heißt es in einem sehr bekannten Brettspiel: „Wer langsam geht, kommt auch ans Ziel." Wie oft steuern wir doch auf ein bestimmtes Ziel zu, und solange wir dieses vor Augen haben, sehen wir nichts anderes – doch vergessen wir dabei nicht zu häufig, dass schon der Weg zum Ziel sehr viel Freude bereitet!

Für mich als extrovertierten Menschen ist es nach wie vor nicht einfach, eine Balance zu finden zwischen Weltoffenheit und dem Rückzug ins eigene Ich. Es ist nicht einfach, aber durchaus möglich. Es hilft mir und den Betroffenen wenig, wenn ich mir täglich über unzählige verschiedene Medien den Bericht über irgendeine irgendwo auf dieser Welt passierte Katastrophe einverleibe. Erhalte ich einmal Kenntnis davon, ist dies mehr als ausreichend. Schenke ich dabei meine positiven Gedanken den Betroffenen, wird dies helfen. Will ich mehr tun, bedingt das eine neuerliche Aktion. Doch ob ich diese bewältigen und damit auch tatsächlich etwas bewirken kann, gilt es sehr gut abzuwägen.

Ich bin glücklich, mich täglich den neuen Herausforderungen stellen zu dürfen!

Ich bin dankbar, dass ich noch lebe!

Ich bin unterwegs auf dem Weg gemeinsam mit Bruder Krebs.

EPILOG

Die Reise ist zu Ende, doch die Reise des Lebens geht weiter. Dankbar blicke ich nochmals kurz zurück. Unzählige Begegnungen auf dem Jakobsweg, unzählige Begegnungen auf dem Lebensweg – ich bin reich. Unschätzbar ist der Wert dessen, was mir durch all die Begegnungen geschenkt wurde, unschätzbar die Kraft, die ich auf all den Wegen empfangen durfte.

Ich danke allen, die mich auf dem Lebensweg ein Stück begleitet haben und auch weiterhin begleiten werden. Einige haben Sie in diesem Buch kennengelernt, bei den vielen anderen, die ebenfalls erwähnenswert gewesen wären, entschuldige ich mich an dieser Stelle: Ihr seid mir nicht weniger lieb.

Ein spezielles Dankeschön gebührt an dieser Stelle meiner Bekannten Ursula, die sich viel Zeit genommen hat, um meine Zeilen vor der Veröffentlichung zu lesen. Sie sowie mein Psychoonkologe Dr. Alfred Künzler haben mich stets ermutigt, meine Zeilen zu veröffentlichen. Ohne deren klare Stellungnahme hätten meine Gedanken den Weg in dieses Buch und an die Öffentlichkeit wohl nie gefunden.

Das Buch ist insbesondere auch an diejenigen gerichtet, die ein ähnliches Schicksal wie ich in ihrem Lebensrucksack mittragen. Auch wenn in meinen Zeilen oft das Suchen und Fragen im Vordergrund steht, so will ich mit aller Deutlichkeit betonen, dass ich rückblickend mit Freude, Stolz und großer Dankbarkeit meine Wege betrachte. Ich durfte darauf Spuren hinterlassen, durfte etwas bewirken und durfte, so hoffe ich, anderen Menschen von dem, was ich erhalten habe, auch etwas zurückgeben.

Trotz Zusatzgepäck im Rucksack, trotz ungebetenen Wegbegleitern, kann das Leben so unheimlich erfüllt sein. All meine Erlebnisse der vergangenen fünfundzwanzig Jahre zeigen dies auf und haben mich zu dem geformt, was ich heute bin! Könnte ich nochmals zurück, ich würde wenig ändern. Schaue ich nach vorn, so bin ich bereit, an mir zu arbeiten, dazuzulernen und in der Zeit, die mir noch geschenkt wird, besser auf meine innere Stimme zu hören.

Ich wünsche Ihnen auf Ihren Lebenswegen viele intensive Momente und schöne Begegnungen mit gebetenen und ungebetenen Begleitern und hoffe, dass Sie den Mut finden, Ihrer inneren Stimme zu folgen.

„Der Weg ist viel mehr als nur eine Verbindung zwischen zwei Orten. Er wird zur Lebensspur, die sich mit allen verknüpft, die uns je vorausgegangen sind. Dabei soll der Pilger nicht vergessen, seine eigene, unverwechselbare Signatur in den Weg zu zeichnen, damit die Nachfolgenden eine klare Orientierung finden."

Frühling 2011
Euer Jörg Kyburz

ERKLÄRUNG ZU EINZELNEN BEGRIFFEN

Melanom	Bösartiger Tumor des schwarzen Hautkrebses
Jugendfest	Ein Fest, bei dem sich die Schuljugend zum Umzug durch die Stadt versammelt und zusammen mit den Behörden und der Bevölkerung den Beginn der Sommerferien feiert
Iscador	Medikament der komplementärmedizinischen Krebsbehandlung. Zur Herstellung wird die weißbeerige Mistel (Viscum album) verwendet.
Tiger	Sicherheitsbeamter im Flugverkehr
Café con leche	Kaffee mit Milch
Tortilla	Spanisches Omelett mit Ei, Kartoffeln und Zwiebeln
Meseta	Kastilisches Hochland im Zentrum der Iberischen Halbinsel
Eremitage	Eine Einsiedelei
Tienda	Kleiner Einkaufsladen
Refuge	Einfache Unterkunft mit Schlafgelegenheit
Sanfermines	Mehrtägiges Fest in Pamplona, das auf verschiedenen geschichtlichen Begebenheiten beruht. Mittelpunkt ist das weltberühmte Stiertreiben durch die Stadt.
Frontòn	Eine Spielhalle, in der ein typisch spanisches Ballspiel gespielt wird
Albergue	Spanische Herberge
Cerveza	ein Glas Bier
Bareggtunnel	Tunnel durch den Baregg-Hügel, in der Nähe von Baden gelegen

LEISTUNGSTABELLE

Etappe	Datum	von		bis	km	auf/m	ab/m	Zeit	
								h	min.
1	12.07.2009	1	Saint-Jean-Pied-de-Port	Orrisson	7	692	0	3	20
2	13.07.2009	2	Orisson	Roncesvalles	16	843	648	6	
3	14.07.2009	3	Roncesvalles	Larassona	26	670	1121	8	40
4	15.07.2009	4	Larassona	Pamplona	15	275	320	4	
5	16.07.2009	5	Pamplona	Obanos	25	670	643	8	45
6	17.07.2009	6	Obanos	Estella	23	645	644	7	45
7	18.07.2009	7	Estella	Sansol	30	773	677	9	
8	19.07.2009	8	Sansol	Logrono	22	477	575	6	30
9	20.07.2009	9	Logrono	Najera	27	614	492	8	45
10	21.07.2009	10	Najera	Santo Domingo de la Calzada	21	507	332	6	
11	22.07.2009	11	Santo Domingo de la Calzada	Belorado	24	602	450	7	
12	23.07.2009	12	Belorado	Agés	27	782	632	8	30
13	24.07.2009	13	Agés	Burgos	20	370	484	6	
14	25.07.2009	14	Burgos	Hornillo de Camino	20	252	265	6	
15	26.07.2009	15	Hornillo de Camino	Castrojeriz	21	301	305	5	45
16	27.07.2009	16	Castrojeriz	Fromista	25	353	414	7	30
17	28.07.2009	17	Fromista	Carrion de los Condes	21	140	126	5	30
18	29.07.2009	18	Carrion de los Condes	Terradillos de los Templarios	27	174	169	7	30
19	30.07.2009	19	Terradillos de los Templarios	El Burgo Ranero	32	349	347	8	30

20	31.07.2009	20	El Burgo Ranero	Puente Villarente	25	141	216	6	30
21	01.08.2009	21	Puente Villarente	Valverde de la Virgen	25	519	422	9	0
22	02.08.2009	22	Valverde de la Virgen	Hospital de Orbigo	22	160	226	5	15
23	03.08.2009	23	Hospital de Orbigo	Santa Catalina de Somoza	28	402	256	7	45
24	04.08.2009	24	Santa Catalina de Somoza	El Acebo	28	795	627	8	30
25	05.08.2009	25	El Acebo	Ponferrada	16	171	783	4	15
26	06.08.2009	26	Ponferrada	Villafranca del Bierzo	26	424	451	7	15
27	07.08.2009	27	Villafranca del Bierzo	O Cebreiro	30	1030	340	7	30
28	08.08.2009	28	O Cebreiro	Tricastela	21	406	1040	6	0
29	09.08.2009	29	Tricastela	Sarria	21	515	710	6	30
30	10.08.2009	30	Sarria	Portomarin	22	636	717	5	30
31	11.08.2009	31	Portomarin	Palas de Rei	26	691	560	7	30
32	12.08.2009	32	Palas de Rei	Arzua	30	64 s8	788	7	30
33	13.08.2009	33	Arzua	Labacolla	31	665	757	8	15
34	14.08.2009	34	Labacolla	Santiago	11	207	248	2	30
38	18.08.2009								
			Total		**791**	**16 899**	**16 785**	**230**	**45**

novum VERLAG FÜR NEUAUTOREN

Bewerten Sie dieses Buch auf unserer Homepage!

www.novumverlag.com

Der Autor

Jörg Kyburz, geboren 1962 in der Schweiz, trat in den Staatsdienst ein und war in unterschiedlichen Positionen, vom Streifenpolizist bis zum Mediensprecher, tätig. Seit seinem 28. Lebensjahr ist er auch politisch aktiv. Als Höhepunkt seiner politischen Laufbahn präsidierte er in den Jahren 2008/2009 den Einwohnerrat der Stadt Lenzburg. Sein Alltag wurde durch eine Krebserkrankung beeinflusst. Bereits mit 23 Jahren wurde bei ihm Hautkrebs diagnostiziert. Sein Ratgeber „25 Jahre unterwegs mit Bruder Krebs oder die etwas andere Geschichte vom Jakobsweg" zeigt auf, dass auch ein Leben mit „Rucksack" lebenswert sein kann.

novum VERLAG FÜR NEUAUTOREN

Der Verlag

„Semper Reformandum", der unaufhörliche Zwang sich zu erneuern begleitet die novum publishing gmbh seit Gründung im Jahr 1997. Der Name steht für etwas Einzigartiges, bisher noch nie da Gewesenes. Im abwechslungsreichen Verlagsprogramm finden sich Bücher, die alle Mitarbeiter des Verlages sowie den Verleger persönlich begeistern, ein breites Spektrum der aktuellen Literaturszene abbilden und in den Ländern Deutschland, Österreich und der Schweiz publiziert werden.

Dabei konzentriert sich der mehrfach prämierte Verlag speziell auf die Gruppe der Erstautoren und gilt als Entdecker und Förderer literarischer Neulinge.

Neue Manuskripte sind jederzeit herzlich willkommen!

novum publishing gmbh
Rathausgasse 73 · A-7311 Neckenmarkt
Tel: +43 2610 431 11 · Fax: +43 2610 431 11 28
Internet: office@novumverlag.com · www.novumverlag.com